MANUALE HR PER DIRE L'INDICIBILE

TRASFORMARE GLI SFOGHI IN LINGUAGGIO
PROFESSIONALE

UPGRADED BOOKS

Copyright © 2025 Upgraded Books

Tutti i diritti riservati.

Nessuna parte di questo libro può essere riprodotta in alcuna forma o con alcun mezzo elettronico o meccanico, inclusi i sistemi di archiviazione e di recupero delle informazioni, senza il permesso scritto dell'autore, fatta eccezione per l'utilizzo di brevi citazioni in una recensione del libro.

NOTA DALLE RISORSE UMANE

l nostro instancabile dipendente,

Qui alle Risorse Umane teniamo molto al tuo benessere mentale (e, siamo onesti, vorremmo anche evitare un alto ricambio di personale, se possibile). So che lavorare qui comporta delle belle sfide, perciò, come piccolo gesto di supporto, ti regaliamo questo libro per aiutarti in quegli inevitabili momenti in cui senti di aver solo bisogno di sfogarti.

Considera questo libro come uno spazio sicuro per le cose che vorresti davvero dire (o forse urlare?) ma che probabilmente non dovresti. Al suo interno, troverai delle alternative approvate dalle Risorse Umane che ti permetteranno di mantenere il posto di lavoro (si spera), di proiettare un'immagine professionale e di evitare imbarazzanti riunioni con noi... anche se ci fa sempre piacere vederti! Beh, dopo un caffè o due... e a seconda del nostro umore di quel giorno.

Divertiti, ridi e consulta queste pagine ogni volta che ne avrai bisogno per restare più o meno sano di mente.

Buona lettura,

Caterina, dalle Risorse Umane

1

VERIFICO CON IL MIO TEAM E TI FACCIO SAPERE

Quello che vorresti dire in realtà:

No, testa di cazzo!

L'alternativa approvata dalle Risorse Umane:

Verifico con il mio team e ti faccio sapere.

Scenario:

È venerdì, ore 16:57. Hai già staccato la spina. La borsa è pronta, il cappotto è sullo schienale della sedia e l'unica cosa che ti separa da un meritato fine settimana è cliccare *Arresta il sistema* sul tuo portatile.

. . .

È in quel momento che suona la notifica di un'email.

Oh, no.

Dai un'occhiata al mittente. È Giulio, dei piani alti. Quell'uomo non ha mai risposto a un'email in tempo *in tutta la sua vita* e, chissà come, ha scelto proprio questo momento — a tre minuti dall'inizio del weekend — per rovinare il tuo.

Esiti. Forse, se non la apri, è come se non esistesse.

Ma ecco che la notifica spunta di nuovo. Già, è Giulio:

«Ciao, per caso riesci a preparare al volo una rapida analisi delle tendenze di mercato per la riunione dei vertici di lunedì? Non dovrebbe volerci molto, mi servono solo un paio di slide con qualche spunto chiave. Grazie!»

Non dovrebbe volerci molto? Si tratta di un report di trenta pagine su dati relativi a un progetto in cui non eri nemmeno coinvolto. Giulio, ovviamente, c'era, ma ha passato ogni riunione ad annuire e ad aggiungere: «La butto lì...» prima di dire qualcosa di assolutamente inutile.

Fissi l'email, la rabbia che ti ribolle dentro. Le dita esitano sulla tastiera, tenti di scrivere:

NO, TESTA DI CAZZO!

Forse vorresti anche aggiungere: *Ti sembro forse la fatina dei PowerPoint, capace di evocare analisi di dati dal nulla? È venerdì, Giulio! VAI A CASA.*

Ma ti piace avere un lavoro, quindi inspiri... espiri... e scrivi:

«Verifico con il mio team e ti faccio sapere.»

Nella tua testa? *Non verificherò assolutamente nulla con il mio team. Il mio team è già all'happy hour. Il mio team si è già scolato tre margarita. Il mio team, in questo momento, non esiste.*

Giulio risponde immediatamente:

«Oh, fantastico, grazie mille! Buon weekend!»

Fissi lo schermo.

Oh, ma certo che avrò un buon weekend. Perché non farò questa presentazione fino a lunedì mattina, esattamente alle 8:59.

Chiudi il portatile.

I margarita chiamano.

2

NELL'INTERESSE DELLA TRASPARENZA

Quello che vorresti dire davvero:

Tiriamo fuori tutta questa merda e basta!

L'alternativa approvata dalle Risorse Umane:

Nell'interesse della trasparenza...

Scenario:

È lunedì mattina e sei bloccato nell'ennesima riunione importantissima che si sarebbe potuta risolvere al cento per cento con un'email. L'argomento? Il perché il lancio del nuovo sistema di inventario sia in ritardo sulla tabella di marcia.

. . .

Il motivo? Oh, lo sanno già tutti i presenti, ma nessuno è disposto a dirlo ad alta voce.

La tua project manager, Caterina (che chissà come ha ottenuto questa posizione di leadership pur non avendo mai guidato un bel niente), si schiarisce la gola e comincia:

«Allora, team... qualcuno ha qualche delucidazione sul perché stiamo riscontrando questi ritardi?»

Silenzio e sguardi imbarazzati, ma nessuno risponde.

Ti guardi intorno. Oh, lo sappiamo *tutti* il perché.

Forse è perché il progetto è stato assegnato a Davide, la cui etica del lavoro è discutibile quanto la sua cronologia di navigazione. Forse è perché i vertici aziendali hanno cambiato l'ambito del progetto cinque volte nelle ultime due settimane. O forse, solo forse, è perché Caterina stessa ha passato tre settimane a fare "workshop" su una decisione che avrebbe richiesto cinque minuti.

La tua pazienza sta per esaurirsi. Ogni fibra del tuo corpo vorrebbe sbattere le mani sul tavolo e urlare:

«Tiriamo fuori tutta questa merda e basta!»

Ma il galateo aziendale richiede un approccio... più morbido. E così, invece, sfoderi la tua migliore espressione da "questa-cosa-mi-interessa-davvero-un-sacco" e dici:

«Nell'interesse della trasparenza, penso che sarebbe utile affrontare alcune delle difficoltà ricorrenti che stiamo incontrando.»

3
ADOTTIAMO UNA PROSPETTIVA DA 10.000 METRI

Ciò che vorresti dire davvero:

Non ho la più fottuta idea di ciò di cui sto parlando.

Alternativa approvata dalle Risorse Umane:

Adottiamo una prospettiva da 10.000 metri.

Scenario:

Sei in una riunione per cui avresti decisamente dovuto prepararti.

. . .

Forse perché l'invito è stato mandato ieri sera alle 22:00 senza alcun contesto.

Forse perché l'argomento è cambiato tre volte e nessuno sa di cosa si stia realmente discutendo.

O forse, e dico forse, perché semplicemente non te ne frega niente.

In ogni caso, sei lì seduta, ad annuire come se capissi tutto, sperando che nessuno ti faccia una domanda diretta.

E poi succede.

La sua supervisor, Linda, si volta verso di lei e le chiede:

«Allora, Rita, cosa ne pensi dello sfruttamento di soluzioni scalabili?»

. . .

La sua anima abbandona il corpo.

Sarebbe stato come se Linda le avesse chiesto di spiegare la fisica quantistica in Swahili.

Potrebbe avere settimane per prepararsi e comunque non capirebbe un accidente.

Ma in questo momento? In questo momento, non ha niente.

Nessun indizio. Nessuna strategia. Nessun piano.

Solo panico puro, senza filtri.

Inizia a blaterare, sapendo benissimo di dire cose senza senso e che anche metà delle persone nella stanza lo sa.

Poi Melissa, volendo smascherare la sua bugia, la mette alle strette:

. . .

«Interessante. Potresti approfondire quest'ultima parte?»

Per un breve istante, prende in considerazione di essere onesta e dire:

«Non ho la più fottuta idea di ciò di cui sto parlando.»

Ma le piacciono anche cose come, per dire, fare la spesa per la sua famiglia e poter pagare l'affitto.

E così, invece, inspira, congiunge le mani come se avesse la situazione totalmente sotto controllo, e dice:

«Adottiamo una prospettiva da 10.000 metri e consideriamo attentamente le implicazioni dello sfruttare soluzioni scalabili. Posso tornarci dopo aver coinvolto le principali parti interessate.»

. . .

La sua supervisor e tutti i presenti alla riunione annuiscono pensierosi, e lei mentalmente si dà una pacca sulla spalla.

Sopravviverà per combattere un altro giorno.

4

CON TUTTO IL DOVUTO RISPETTO

Cosa vorresti davvero dire:

Vaffanculo, idiota!

Alternativa approvata dalle Risorse Umane:

Con tutto il dovuto rispetto.

Scenario:

È un normale martedì pomeriggio e stai solo cercando di farti i fatti tuoi: magari recuperare un po' di email, magari fingere di lavorare mentre scorri il feed del telefono.

. . .

Vivere in pace, insomma, no?

Poi, dal nulla, spunta una notifica sul tuo schermo.

È Carlo del marketing.

Carlo, il cui lavoro sembra consistere nel non fare assolutamente nulla fino all'ultimo minuto per poi, in qualche modo, scaricare ogni problema su di te.

Ecco cosa ti scrive:

Ehi, una cosetta al volo!

Mi tiri su al volo una revisione grafica per l'intera campagna social? Il cliente ha inviato le nuove linee guida del brand due settimane fa e mi sono completamente scordato di dirtelo. Colpa mia! Però gli ho già detto che avremmo avuto la nuova grafica entro stasera, quindi è meglio se rispettiamo la scadenza.

. . .

Grazie!

Sbatti le palpebre.

Due settimane fa?

La campagna per la quale hai speso *ore* a perfezionare ogni dettaglio?

Quella che Carlo avrebbe dovuto revisionare, ma che invece non ha revisionato impegnato com'era a dibattere animatamente se un hot dog sia o meno un panino?

Controlli l'ora. Sono le 16:45.

La tua mano ha uno spasmo.

Sei pervaso dall'impulso improvviso di scrivere:

. . .

«Vaffanculo, idiota!» Magari condito da un «E portati dietro le tue inutili competenze di marketing!»

Ma sfortunatamente, le Risorse Umane hanno questa strana politica del "non aggredire verbalmente i colleghi".

Quindi, inspiri lentamente, espiri ancora più lentamente e digiti:

«Con tutto il dovuto rispetto, Carlo, questa è la prima volta che sento parlare di questa richiesta. Data la tempistica, potrei non essere in grado di accontentarla.»

Che, ovviamente, si traduce in: *Hai queste nuove linee guida del brand da due settimane, Carlo. DUE SETTIMANE! E invece di dirmelo in un momento normale e ragionevole come farebbe un adulto competente, ti ci sei seduto sopra fino all'ultimo secondo e ora stai facendo diventare la cosa un mio problema. D'ora in poi ti ignorerò fino a nuovo avviso.*

· · ·

Carlo, essendo Carlo, non coglie minimamente l'aggressività passiva e risponde:

«Oh, sei il migliore! Grazie mille!»

Fissi lo schermo.

Una rabbia profonda e oscura si agita in te, e chiudi il portatile, pensando a quanto ti serva un drink.

5

TI TENGO AGGIORNATA

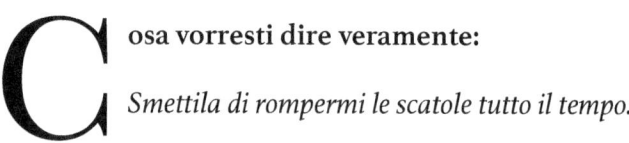

osa vorresti dire veramente:

Smettila di rompermi le scatole tutto il tempo.

L'alternativa approvata dalle Risorse Umane:

Ti tengo aggiornata.

Scenario:

È mezzogiorno e hai finalmente trovato la concentrazione. La tua casella di posta è (più o meno) sotto controllo, hai sbrigato un paio di faccende e, per la prima volta in tutta la giornata, ti senti leggermente produttivo. Stai pensando che forse, ma proprio forse, riuscirai ad arrivare a fine pomeriggio senza interruzioni.

Poi, Lisa della contabilità ti manda un messaggio:

«Ciao, ti scrivo solo per avere aggiornamenti sulle proiezioni di budget!»

Dai un'occhiata all'ora. Sono passati quarantacinque minuti dall'ultima volta che te l'ha chiesto. E no, la risposta non è cambiata da allora.

Così fai la cosa più matura: la ignori.

Passano cinque minuti e... è Lisa:

«Ciao, ti riscrivo per questa cosa!»

Ti massaggi le tempie. Riscriverti per questa cosa? Lisa non ha nulla su cui tornare. Il cerchio non si è mai nemmeno formato, perché il team finanziario non ti ha ancora mandato i numeri!

. . .

Fai un respiro profondo, pensando che se non rispondi, capirà l'antifona.

Ma tre minuti dopo? Lisa.

«Non so se il mio ultimo messaggio è arrivato! Ti scrivo solo per un sollecito!»

Hai un tic all'occhio e serri la mascella. Ora capisci perché alcune persone lasciano il lavoro per andare a vivere nei boschi.

Cosa vorresti dire? «SMETTILA DI ROMPERMI LE SCATOLE TUTTO IL TEMPO».

E per aggiungere?

«Lisa, se avessi i numeri, lo sapresti. Perché te li avrei mandati. In un'email. Con un foglio di calcolo. E un oggetto che dice "PROIEZIONI DI BUDGET AGGIORNATE"».

. . .

Ma invece, digiti semplicemente:

«Ti tengo aggiornata».

E Lisa, non cogliendo affatto il suggerimento, risponde immediatamente:

«Fantastico, grazie!! Fammi sapere se ci sono novità!»

Te ne stai lì seduto a pensare, *Idiota!* Ma ehi, almeno hai guadagnato un po' di tempo!

6

SNELLIREMO LE PROCEDURE

Cosa vorresti davvero dire:

È ora di rendere questa procedura a prova di idiota, perché continui a fare casino.

L'alternativa approvata dalle Risorse Umane:

Snelliremo le procedure.

Scenario:

Sono passate settimane. Settimane passate a cercare di correggere lo stesso errore, ancora e ancora.

. . .

L'hai spiegato durante le riunioni, hai inviato e-mail con le istruzioni passo passo e, per qualche motivo, hai persino creato un breve video tutorial perché hai pensato: *Ehi, forse vederlo in pratica aiuterà.*

Ma eccoti di nuovo qui.

Enzo del Marketing è tornato.

E, sorpresa delle sorprese: è riuscito a sbagliare la stessa cosa per l'ennesima volta.

Dopotutto, questo è Enzo, il tipo che in qualche modo ha trasformato una semplice procedura in tre passaggi in un disastro aziendale senza fine. Enzo, che trova ogni volta nuovi modi per mandare a monte lo stesso compito.

Oggi? Si tratta di inviare i report. *Di nuovo.*

Enzo: «Ehi! Penso che il sistema non funzioni.»

. . .

Sai già dove andrà a parare, ma da persona adulta e responsabile, chiedi comunque.

Forse, solo forse, questa volta Enzo avrà capito.

Tu: «Qual è il problema?»

Enzo: «Non mi fa inviare il report.»

Fai un respiro profondo, ti prepari mentalmente al peggio e rispondi:

Tu: «Ha seguito i passaggi che ti ho inviato?»

Enzo: «Certo!»

Tu: «Tutti quanti?»

C'è silenzio dall'altra parte. E poi...

. . .

Enzo: «Uhm... la maggior parte?»

Chiudi gli occhi e conti fino a 10, ricordando a te stesso che essere al verde non è proprio il massimo. Poi, apri il file che ha caricato. E, ovviamente, è un disastro totale.

Mancano intere sezioni del report, la formattazione sembra fatta da un bambino e, per qualche strana ragione, c'è una foto a caso di un cane nel bel mezzo di un grafico.

Questo è probabilmente il motivo per cui il sistema sta rifiutando il caricamento di Enzo.

Fissi lo schermo. *Ma Enzo sta bene? È segretamente un artista performativo e questa è una specie di scherzo elaborato per farmi mettere in discussione tutte le mie scelte di vita?*

Le dita prudono dalla voglia di scrivere:

. . .

È ora di rendere questa procedura a prova di idiota, perché continui a fare casino.

Ma sai che non è il caso.

Quindi, ti prendi qualche secondo per calmarti e scrivi:

«Ok, snelliremo un po' le procedure in modo che il processo sia più semplice e facile da seguire. Così tutti sapranno esattamente cosa fare e potremo evitare errori.»

Il colpo di grazia arriva con la risposta di Enzo:

«Fantastico! Non vedo l'ora!»

Chiudi il portatile.

È troppo presto per un drink, ma ehi, non è troppo presto per iniziare a riconsiderare ogni singola decisione che ti ha portato a questo punto!

7

METTIAMO LA COSA IN STAND-BY PER IL MOMENTO

Cosa vorresti davvero dire:

Ora no. Lasciami in pace.

L'alternativa approvata dalle Risorse Umane:

Mettiamo la cosa in stand-by per il momento.

Scenario:

Stai annegando nel lavoro.

La tua casella di posta è un incubo, la tua lista di cose

da fare è più lunga dello scontrino del supermercato e sei a un passo da una crisi di nervi in piena regola.

Perché? Perché hai una scadenza tra due ore.

Le tue dita volano sulla tastiera, il tuo cervello è in uno stato di concentrazione assoluta e, per una volta, senti davvero di fare progressi.

E poi?

Arriva Stefania.

Stefania, del Dipartimento «Non ho il minimo senso del tempismo».

Stefania, che ha un sesto senso per interromperti nel peggior momento possibile.

Stefania, che sembra convinta che se non ti fa questa

precisa domanda in questo preciso istante, l'intera azienda potrebbe crollare.

Si materializza accanto alla tua scrivania come una specie di fantasma aziendale, il viso raggiante per un'idea che avrebbe potuto sicuramente aspettare.

«Ehi! Hai un secondo?»

No, non hai un secondo.

Non hai neanche *mezzo* secondo.

Ma Stefania ha già avvicinato una sedia, mettendosi comoda.

Continua: «Allora, stavo pensando a quel sondaggio sulla soddisfazione dei clienti di cui abbiamo parlato tre settimane fa...»

Ah, già. Il sondaggio sulla soddisfazione dei clienti.

. . .

Il sondaggio la cui scadenza è tra un altro mese.

Il sondaggio che è già stato finalizzato e inviato ai vertici per l'approvazione.

Il sondaggio che Stefania all'improvviso vuole «rimaneggiare» perché ha appena deciso che forse la palette di colori dovrebbe essere «più accattivante».

Nel frattempo, l'e-mail che devi *davvero* inviare è lì, scritta a metà, che urla per reclamare la tua attenzione.

Vorresti dire: «Ora no. Lasciami in pace».

Invece, ti sforzi di sorridere così tanto da farti male e dici:

«Mettiamo la cosa in stand-by per il momento e riprendiamola non appena avrò un po' più di margine per dedicarle l'attenzione che merita».

. . .

Ti mordi la lingua quando Stefania, del tutto ignara, annuisce con entusiasmo e aggiunge:

«Oh, certo, assolutamente! Ti ricontatto più tardi».

La guardi mentre si allontana, già escogitando la tua prossima via di fuga, sapendo benissimo che non è ancora finita.

8

PUOI CHIARIRMI COS'HAI CAPITO DI CIÒ DI CUI ABBIAMO APPENA DISCUSSO?

Cosa vorresti dire in realtà:

Hai sentito una sola parola di quello che ho appena detto?

L'alternativa approvata dalle Risorse Umane:

Puoi chiarirmi cos'hai capito di ciò di cui abbiamo appena discusso?

Scenario:

È stata una riunione lunga. Talmente lunga che il caffè ti è diventato freddo, ti si è addormentato un piede e hai cominciato a domandarti se il tempo esista ancora.

Hai appena passato dieci minuti buoni a spiegare una cosa che avrebbe dovuto richiederne trenta; non perché tu sia negato a dare spiegazioni, ma perché ti sei dovuto ripetere tre volte in tre modi diversi. Prima hai verificato che avessero capito. Poi hai chiesto se fosse tutto chiaro. E, come se non bastasse, hai pure aggiunto un esempio calzante, tanto per essere sicuri! Insomma, ti sentivi abbastanza soddisfatto. Finché...

Gregorio.

Gregorio, che ha annuito con entusiasmo per tutto il tempo. Proprio lo stesso Gregorio che, mentre parlavi, faceva delle facce serissime da «ho capito tutto». Eppure, la mano alzata nella stanza è la sua, accompagnata dall'eloquente domanda:

«Aspetta... quindi cosa dovremmo fare esattamente?»

Nella stanza cala un silenzio di tomba. Sbatti le palpebre. Una volta. Due. Fissi Gregorio, chiedendoti se ci sia da qualche parte una telecamera nascosta e se siate tutti sul set di *Scherzi a parte*.

. . .

Vorresti dire: «Ma hai sentito una singola parola di quello che ho appena detto?». O, ancora meglio: «Gregorio, amico mio, compare, fratello... ma eri almeno *QUI*, poco fa? Fisicamente? Mentalmente? *Spiritualmente*?»

Ma sarebbe visto di cattivo occhio, quindi tieni un tono di voce uniforme, sfoderi la tua migliore espressione da «professionista paziente» e dici:

«Ok Gregorio, prima di rispondere, potresti chiarirmi cos'hai capito di ciò che abbiamo appena discusso?»

Gli lanci un'occhiataccia che urla letteralmente: *Ti sto dando un'ultima possibilità per dimostrare che eri effettivamente presente a questa riunione e non mentalmente su una spiaggia da qualche parte!*, sperando che colga il messaggio. Invece Gregorio, ancora confuso, strizza gli occhi guardando la lavagna, poi i suoi appunti, e infine te, e dice:

«Ehm... sì, allora... vuoi che... facciamo la cosa?»

. . .

Espiri lentamente. Tutti gli altri evitano il contatto visivo perché anche loro hanno perso la voglia di vivere. Ma tu? Tu sei un professionista. Annuisci, abbozzi un sorriso che non arriva agli occhi e dici:

«Sì, Gregorio. Facciamo la cosa.»

9
È SULLA MIA TABELLA DI MARCIA

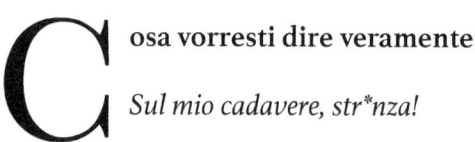osa vorresti dire veramente:

Sul mio cadavere, str*nza!

L'alternativa approvata dalle Risorse Umane:

È sulla mia tabella di marcia.

Scenario:

È lunedì mattina, sei appena arrivato in ufficio e hai a malapena avuto il tempo di toglierti il cappotto quando sullo schermo del tuo computer compare una notifica e-mail.

. . .

L'oggetto: *Un piccolo favore!*

Lo sai già. Nulla di buono segue mai un «piccolo favore». Con un sospiro profondo, apri l'e-mail e... già. È peggio del previsto.

È di Olivia, del reparto Acquisti.

Olivia, quella che chissà come ha energia prima delle 8 del mattino.

Olivia, quella che non ha mai trovato un compito che non potesse delegare.

Olivia, quella che usa «sforzo di squadra» quando intende «il *tuo* sforzo».

Ciao! Spero tu abbia avuto un weekend rilassante! (Tu no.)

Una cosetta veloce: potresti occuparti tu di ripulire il database dei contratti dei fornitori? È un po' un casino. Basta una riorganizzatina veloce!

. . .

Non dovrebbe volerci molto: in pratica si tratta solo di revisionare più di 500 contratti, aggiornare le date di scadenza, segnalare i fornitori duplicati e creare un foglio di calcolo generale con i termini chiave come le scadenze di pagamento, le clausole penali e le condizioni di rinnovo.

Facile, no? Senza fretta, ma mi piacerebbe che fosse fatto entro venerdì! Grazie mille!!!

Fissi lo schermo, poi rileggi lentamente.

Olivia ti ha appena chiesto con nonchalance di districarti in un labirinto di contratti obsoleti, molti dei quali probabilmente scritti nel 2007 da qualcuno che non lavora più qui.

E chissà perché pensa che sia un compito veloce.

Il tuo primo istinto?

. . .

Scrivere: *Sul mio cadavere, str*nza!*

Ma ahimè, hai delle bollette da pagare. E così, ti limiti a digitare:

«È sulla mia tabella di marcia.»

Sperando che Olivia afferri il messaggio.

Sperando che capisca perfino che non hai assolutamente intenzione di farlo a breve, o forse mai.

Ma lei capisce? Davvero?

Certo che no! Perché due minuti dopo, ti risponde:

«Oddio, sei il migliore! Ho la *sensazione* che verrà fuori un lavoro fantastico!!»

Ti appoggi allo schienale e inizi a calcolare

mentalmente quanto costerebbe licenziarsi e aprire un chiosco di frullati sulla spiaggia.

10

APPREZZO DAVVERO IL TUO CONTRIBUTO

Cosa vorresti davvero dire:

Non gliene frega a nessuno di quello che pensi.

Alternativa approvata dalle Risorse Umane:

Apprezzo davvero il tuo contributo.

Scenario:

È venerdì pomeriggio. Sei sopravvissuto alla settimana. Ti sei sorbito e-mail, riunioni e la lenta agonia della tua motivazione. Ora ti trovi nell'ultima riunione prima della libertà. Sono passate tre ore a revisionare la nuova guida aziendale per l'onboarding dei clienti, sulla quale hai lavorato meticolosamente per settimane.

A questo punto, l'unica cosa che ti tiene sveglio è il sogno di balzare dalla sedia e correre fuori dall'edificio, per non pensarci mai più... almeno fino a lunedì. Stai guardando l'orologio, facendo mentalmente i bagagli, aspettando solo che il tuo manager dica: «Bene, concludiamo», e sarai libero.

Tuttavia, sembra che Tullio, che non era nemmeno nell'invito originale ma che in qualche modo è apparso magicamente, abbia altri piani per te. Si sporge in avanti, si schiarisce la gola e dice:

«In realtà avrei qualche idea su come Roberto potrebbe migliorare questo lavoro.»

Ti si chiude lo stomaco. I tuoi occhi scattano verso l'orologio. Mancavano due minuti alla fine di questa riunione. *DUE*. E ora? Ora stai per essere tenuto in ostaggio da qualsiasi assurdità Tullio stia per dire su come potresti lavorare a un progetto già terminato.

. . .

Tullio continua: «Penso solo che dovremmo adottare un approccio più interattivo. Magari aggiungere un video? È solo un'idea!»

Il tuo cervello va in cortocircuito. La guida è finita. Finalizzata. Approvata. È già stata inviata al team di progettazione. È come se qualcuno dicesse: «Ehi, forse dovremmo usare un altro catering» mentre si è già in piedi davanti al buffet di nozze!

Ti verrebbe da sbottare: «Non gliene frega a nessuno di quello che pensi, Tullio!» e magari anche aggiungere: «E le tue idee puoi ficcartele dove non batte il sole!»

Tuttavia, dire una cosa del genere ti guadagnerebbe una chiamata non proprio amichevole da parte delle Risorse Umane; quindi, bevi un sorso dalla tua bottiglietta d'acqua e dici con calma:

«Apprezzo davvero il tuo contributo, Tullio. Ti prego, dimmi di più sull'approccio interattivo che avremmo potuto adottare.»

. . .

Speri che colga il sarcasmo e il vero significato dietro le tue parole, che si traducono semplicemente in: *Tullio, questa guida è stata revisionata, approvata e firmata da persone che guadagnano il triplo del nostro stipendio. C'è lo 0% di possibilità che io ricominci da capo perché TU ha avuto un'illuminazione improvvisa negli ultimi due minuti di questa riunione.*

Tullio, ignorando completamente il tuo sottile suggerimento, sorride e si appoggia allo schienale della sedia. «Fantastico, sono contento di aver potuto contribuire! Ecco cosa penso...»

Lo fissi per un secondo, poi guardi di nuovo l'orologio. Durata della riunione? Prolungata di altri 30 minuti. Senti la disperazione mentre accetti in silenzio il tuo destino.

11

DOBBIAMO INCORAGGIARE UNA CULTURA DI LAVORO DI SQUADRA

Cosa vorresti dire in realtà:

È ora che scendi dal piedistallo.

L'alternativa approvata dalle Risorse Umane:

Dobbiamo incoraggiare una cultura di lavoro di squadra.

Scenario:

Sei nel bel mezzo di una sessione di brainstorming con il team ma, a questo punto, sembra meno una discussione di gruppo e più il Jessica Show. Perché?

. . .

Perché Jessica, una tua collega, ha parlato senza sosta per quasi tutta la riunione.

Non sta solo condividendo idee, sta monopolizzando l'intera conversazione.

Ogni volta che qualcun altro prova a parlare, lei lo interrompe con un: «Sì, ma se invece noi...» oppure «A dire il vero, io penso che...».

Ti guardi intorno nella stanza. Tutti gli altri sembrano esausti.

Dave sta cercando di far finta di ascoltare, e capisci benissimo che Priya, anche lei parte della sessione, ha staccato la spina venti minuti fa.

Persino il tuo capo sembra pentito di aver organizzato questa riunione.

La parte peggiore? Le idee "brillanti" di Jessica sono o

ripetizioni di vecchi fallimenti o non hanno assolutamente alcun senso.

A un certo punto, suggerisce qualcosa che di fatto costerebbe soldi all'azienda invece di fargliene guadagnare.

Stai lentamente iniziando a perdere la pazienza, e sei tentato di alzarti e dire:

«Jessica, è ora che scendi dal piedistallo. Abbiamo capito. Ami il suono della tua voce. Ma al resto di noi piacerebbe dare un contributo prima di andare tutti in pensione.»

Ma poi, questo potrebbe suonare maleducato. E le Risorse Umane adorano quei seminari sul "sii gentile con i tuoi colleghi".

Così, invece, alzi la mano e dici: «Dobbiamo incoraggiare una cultura di lavoro di squadra qui. Assicuriamoci che tutti abbiano la possibilità di condividere le proprie idee.»

. . .

Ma sai bene che quello che intendi in realtà è:

Jessica, per l'amor del cielo, chiudi quella bocca e lascia parlare qualcun altro.

La stanza piomba nel silenzio.

Jessica sembra sorpresa, forse persino un po' offesa.

Ma, miracolo dei miracoli, smette davvero di parlare.

Dall'altra parte del tavolo, Dave ti mima un «Grazie» con le labbra.

Priya si raddrizza sulla sedia, pronta a dare finalmente il suo contributo.

Il tuo capo sospira di sollievo.

. . .

E per la prima volta in tutta la mattinata, la riunione prosegue come una normale discussione, con un vero lavoro di squadra.

Mentre esci dalla stanza, ti dai mentalmente una pacca sulla spalla.

Hai ristabilito l'equilibrio sul posto di lavoro.

Se questo non merita un premio, cosa lo merita?

12

PER RIBADIRE

Quello che vorresti dire davvero:

Non te lo dico un'altra volta, imbecille!

L'alternativa approvata dalle Risorse Umane:

Per ribadire.

Scenario:

Sono le 15:00 di un mercoledì e sei alla tua quinta riunione su Zoom della giornata. Sei esausto. Il tuo cervello ha staccato la spina e l'unica cosa che ti fa andare avanti è il pensiero della tua pausa delle 15:30.

. . .

Ma ecco che Kevin della Contabilità dice: «Aspettate, solo per fare chiarezza: usiamo i moduli per le spese nuovi o quelli vecchi?».

Smetti di respirare. Kevin l'ha già chiesto tre volte questa settimana. Lunedì hai mandato un'email a tutta l'azienda a riguardo. Hai allegato un PDF. L'hai reso persino a prova di stupido con frecce rosse giganti che indicavano i nuovi moduli. Hai usato una GIF, santo cielo... una GIF di una scimmia danzante che teneva un cartello con su scritto, letteralmente, *USARE I NUOVI MODULI*. E gliel'hai anche ricordato personalmente a Kevin *ieri*, quando ha chiesto la stessa identica cosa.

Ti guardi intorno, osservando i colleghi nei loro riquadri su Zoom. Alcuni fissano lo schermo come se stessero guardando un incidente d'auto al rallentatore. Una persona si è messa in muto, probabilmente per urlare tra le mani.

Avresti voglia di urlare:

. . .

«Kevin, non te lo dico un'altra volta, imbecille! La risposta è nella tua casella di posta, nel cestino e a quest'ora probabilmente anche scritta sui muri del bagno dell'ufficio!».

Ma, dato che ti piace ricevere uno stipendio, fai un respiro profondo e dici:

«Per ribadire, usiamo i nuovi moduli per le spese. Ho inserito di nuovo il link nella chat per comodità».

Segue una lunga pausa mentre tutti aspettano, forse chiedendosi se Kevin abbia finalmente... capito? O magari si stanno solo domandando se stai per perdere le staffe in diretta.

Poi, dopo un tempo che sembra un'eternità, Kevin dice: «Ohhh, capito! Grazie per il chiarimento!».

Gli credi? Assolutamente no. Ma per il bene della tua sanità mentale, vai avanti, ben sapendo che Kevin farà la stessa domanda la settimana prossima.

13

NON È DI MIA COMPETENZA

Cosa vorresti davvero dire:

Non faccio il Suo lavoro al posto Suo, dannata fannullona!

L'alternativa approvata dalle Risorse Umane:

Non è di mia competenza.

Scenario:

Mancano pochi minuti al fine settimana e con la testa sei già all'aperitivo: occhiali da sole sul naso, un margarita quasi in mano e zero voglia di sbattersi. Poi, come il cattivo di una pessima commedia romantica, Mia compare nei Suoi messaggi diretti con la richiesta più scontata di tutti i tempi:

«Ehilà! Potrebbe estrarmi quel report sull'inventario? Mi serve per la presentazione di lunedì.»

Stringe le mani a pugno. È lo stesso report che ha già mostrato a Mia come estrarre tre volte questo trimestre. Le ha persino preparato una guida dettagliata con tanto di screenshot, che lei ha immediatamente archiviato senza mai più degnarla di uno sguardo.

Le verrebbe da rispondere digitando furiosamente: *Mia, non faccio il Suo lavoro al posto Suo, dannata fannullona! Sa dove sono i dati. Sa come esportarli. Smetta di far finta di non saperlo solo perché preferisce scrollare i meme su LinkedIn piuttosto che lavorare davvero!*

Tuttavia, c'è una forte probabilità che Mia inoltri la Sua risposta alla direzione, cosa che La porterebbe a dire addio allo stipendio. Quindi, conta mentalmente fino a 10 e risponde:

. . .

«Questo non è di mia competenza, ma sarò lieto/lieta di inviarLe di nuovo la guida.»

La sua risposta è istantanea:

«Ricevuto.»

Tuttavia, la cosa non La convince, perché sa che in realtà intende: *Aspetterò fino alle 17:00 di domenica e poi Le manderò un'email in preda al panico.*

Le inoltra di nuovo la guida, la tagga con «Per Sua informazione» e imposta immediatamente il Suo stato su «Offline» prima che possa chiederLe anche di «formattarglielo al volo».

14

A FUTURA MEMORIA

Cosa vorresti veramente dire:

Ascolta bene, idiota!

Alternativa approvata dalle Risorse Umane:

A futura memoria...

Scenario:

È mattina presto in ufficio e ti stai già pentendo di aver controllato le email.

. . .

In cima alla tua casella di posta in arrivo c'è un messaggio allarmato da parte di Tyler:

«URGENTE: Il sistema è FUORI SERVIZIO! AIUTO!!!»

Scatti sulla sedia. *È mai possibile? Che sia davvero andato in crash l'intero sistema? È questo il giorno in cui finalmente crolla tutto?* Ti precipiti a controllare lo stato del sistema. È tutto a posto. Nessun errore. Nessuna interruzione. Il sistema è perfettamente funzionante.

Allora, qual è il problema? Fai un respiro profondo e rispondi:

«Salve Tyler, cosa non Le funziona esattamente?»

Cinque minuti dopo, lui risponde:

«Oh! Non riuscivo ad accedere. Ma ho riavviato il computer e ora va tutto bene. Grazie!»

. . .

Oh. Oh no. Tyler ha appena mandato un'email di emergenza a tutta l'azienda perché si è dimenticato di riavviare il portatile?

Stringi i pugni e valuti se alzarti, marciare fino alla scrivania di Tyler e dirgli:

«Ascolta bene, idiota! Il sistema non è mai stato fuori servizio! La prossima volta, prova a spegnere e riaccendere prima di dichiarare lo stato di emergenza!»

Ma siccome Tyler probabilmente ti segnalerebbe per «aggressione verbale», ti limiti a digitare:

«A futura memoria, qualora dovesse riscontrare problemi, Le consigliamo di eseguire un riavvio del sistema come primo passo per la risoluzione. Se il problema dovesse persistere, non esiti a contattarci.»

15

C'È MARGINE DI MIGLIORAMENTO

Cosa vorrebbe dire veramente:

Lei è un completo spreco di spazio.

L'alternativa approvata dalle Risorse Umane:

C'è margine di miglioramento.

Scenario:

È il periodo delle valutazioni delle performance e sono settimane che teme questo momento.

. . .

Si trova di fronte ad Hailey, la stagista che in qualche modo ha trasformato il «non fare assolutamente niente» in una forma d'arte.

Per la maggior parte degli ultimi tre mesi, Hailey ha lasciato attiva per sbaglio la risposta automatica di assenza quando era *decisamente* in ufficio.

Come se non bastasse, Le ha chiesto come allegare un file a un'email circa sette volte e ha passato il 90% della sua «giornata lavorativa» masticando rumorosamente una gomma e guardando compilation di TikTok alla sua scrivania.

Ora, mentre fissa la sua «autovalutazione» (che consiste in due punti elenco e una faccina sorridente), si rende conto di doverle dare un feedback. Avrebbe voglia di togliersi subito il dente e dirle senza mezzi termini:

«Hailey, Lei è un completo spreco di spazio. Le piante dell'ufficio sono più utili di Lei, e sono finte. Scommetto che la macchinetta del caffè ha migliori capacità di risolvere i problemi.»

. . .

Ma poi si ricorda che la vita aziendale richiede autocontrollo. Si prende un momento, la guarda negli occhi e dice:

«Hailey, il suo lavoro dimostra... entusiasmo. Detto questo, c'è sicuramente margine di miglioramento in aree come la gestione del tempo e le competenze tecniche. Forse potremmo valutare... delle opportunità di formazione aggiuntive?»

Hailey annuisce con entusiasmo. «Sì, era da un po' che volevo imparare di più! Magari tipo... un webinar o qualcosa del genere?»

Resiste all'impulso di urlare.

Invece, la iscrive al corso di aggiornamento sulla compliance più noioso che riesce a trovare e prende nota mentalmente di nascondere tutti gli snack dell'ufficio.

16
POSSIAMO IDENTIFICARE IL RESPONSABILE?

osa vorresti dire in realtà:

Chi di voi, branco di coglioni, ha combinato 'sto casino?

Alternativa approvata dalle Risorse Umane:

Possiamo identificare il responsabile?

Scenario:

Arrivi in ufficio il lunedì mattina e scopri che qualcuno ha completamente fatto saltare in aria il database condiviso del progetto.

. . .

Quello che una volta era un foglio di calcolo meticolosamente organizzato per tenere traccia dei rapporti con i clienti e dei dettagli sulle partnership, ora contiene la ricetta completa del pane alla banana (con tanto di commento), 37 meme di gatti incorporati nei commenti e una cella che dice solo: «*PROVA: NON CANCELLARE*» in Comic Sans, corpo 72.

La parte peggiore?

Questo era il file principale per monitorare i dettagli delle partnership chiave, inclusi dati preziosi su sponsorizzazioni aziendali del valore di milioni di entrate per il prossimo trimestre. L'occhio ti comincia a tremare come a un robot difettoso e vorresti solo chiedere:

«Chi di voi, branco di coglioni, ha combinato 'sto casino?»

Ma ti ricordi che non vuoi diventare l'argomento di un futuro corso di formazione delle Risorse Umane. Così, stringendo la tazza di tè come se fosse una pallina antistress, dici educatamente:

. . .

«Team, possiamo cortesemente identificare il responsabile? Dobbiamo capire come il nostro sistema di monitoraggio delle sponsorizzazioni sia diventato contemporaneamente un libro di ricette e un museo di meme.»

Dopo un silenzio imbarazzante, la nuova assistente marketing, Beth, alza timidamente la mano:

«Ehm... penso di essere stata io. Stavo cercando di renderlo più... coinvolgente?»

Coinvolgente?

Resisti all'impulso di scoppiare a ridere o a piangere. Invece, mantieni un'espressione seria. Nel frattempo, il resto del team si sta visibilmente sfaldando, e le loro risate soffocate li fanno sembrare afflitti da qualche tipo di disturbo gastrointestinale.

. . .

Annuisci lentamente e le assegni un corso di data entry così approfondito da poterla preparare a decifrare la Stele di Rosetta.

Non lascerai nulla al caso.

17

LE FARÒ SAPERE

Cosa vorresti davvero dire:

Non ho intenzione di occuparmi di questa rogna.

L'alternativa approvata dalle Risorse Umane:

Le farò sapere.

Scenario:

Sono le 15:58 di venerdì. Hai mentalmente staccato la spina. Il tuo desktop è stato ridotto a icona, mostrando un finto foglio di calcolo. Hai già silenziato le notifiche di Slack e sei a metà della pianificazione del cibo unto che ordinerai non appena ti disconnetterai.

E poi-

Ping!

È Mark dei Servizi Generali. Lo stesso Mark che non ti scrive da mesi, perché si fa vivo solo quando le cose stanno per mettersi male. Ed ecco cosa ha da dire:

«Ehi! Il capo dei vigili del fuoco vuole che riorganizziamo l'intero ripostiglio delle forniture entro lunedì. Puoi occupartene tu?»

Fissi il messaggio. *Il ripostiglio delle forniture?*

Quello che non è stato toccato dalla grande epurazione dell'ufficio del 2017? Quello che attualmente ospita quattro tipi di toner scaduti, una dozzina di sedie rotte, 17 cavi misteriosi e un solo cellulare a conchiglia dei primi anni 2000?

. . .

No. Assolutamente no! Quello sgabuzzino ha una sua stratigrafia. C'è la concreta possibilità che qualcosa là dentro abbia dei diritti. Tu non ci entrerai.

Vorresti davvero solo rispondere: *Mark, non ho intenzione di occuparmi di questa rogna. Quel ripostiglio non viene riordinato dai tempi dell'amministrazione Obama e, onestamente, rispetto troppo la sovranità dei gatti di polvere per disturbare il loro ecosistema.*

E lo scriveresti, se questa non fosse la vita aziendale. Ma lo è, e devi far finta che questa sia una richiesta di fine settimana assolutamente ragionevole. Così, invece, rispondi:

«Le farò sapere.»

E cosa fai dopo? Fai finta di essere troppo impegnato con altri compiti. Entro lunedì, miracolosamente, il ripostiglio è stato riorganizzato. Non da te, ovviamente. Probabilmente dal nuovo stagista che pensa ancora che dare una mano gli farà ottenere un posto a tempo pieno.

Valuti di mandargli un'email di ringraziamento. Magari un muffin. Ma per ora? Ti limiti ad annuire e a sussurrare: «Non tutti gli eroi indossano un mantello», mentre sorseggi il tuo caffè e fingi che non sia mai successo nulla.

18

CERCHIAMO DI FARE SEMPRE IL MASSIMO E ANCHE DI PIÙ

Cosa vorresti dire veramente:

Ma mi stai prendendo per il c*lo?

L'alternativa approvata dalle Risorse Umane:

Cerchiamo di fare sempre il massimo e anche di più.

Scenario:

Sei in una call su Zoom con Ian dell'IT e Nina del Marketing. Voi tre siete sull'onda dell'entusiasmo dopo aver presentato una demo impeccabile del nuovo portale clienti, quello che vi ha quasi consumato l'anima nelle ultime sei settimane. Avete vissuto per questo portale e avete persino sognato in codici esadecimali.

Ma ora... è finito. Finito! Il logo del cliente gira a meraviglia sulla homepage, l'esperienza utente scorre come un fiume tranquillo e, per una volta, non è esploso nulla. Vi appoggiate tutti leggermente allo schienale delle sedie, sorridenti, vittoriosi.

Poi, la project manager del cliente, Emily, riattiva il microfono e, con una sola frase, manda in frantumi il vostro mondo:

«Adoro il design! Solo un piccolo ritocco: vorremmo che ogni pulsante del portale riproducesse un verso d'anatra diverso quando ci si clicca sopra. Tipo uno per la mattina, un altro per il pomeriggio e un altro ancora per le ore serali. Giusto per rispecchiare l'evoluzione del tono del nostro brand nel corso della giornata.»

Silenzio.

. . .

Il viso di Ian si affloscia. L'occhio di Nina ha un tic come l'otturatore rotto di una macchina fotografica. E tu? Il tuo cervello è andato in buffering.

Ha appena detto "qua"? Tipo... il verso che fa un'anatra? E ha anche appena richiesto variazioni del verso dell'anatra in base all'orario?

Sei a pochi secondi dallo sbottare:

«Ma mi sta prendendo per il c*lo? Le linee guida del vostro brand le ha scritte un'anatra? È un sito della Fisher-Price questo?»

Ma poi cogli il leggero cenno di diniego di Ian con la testa, capendo che stai per trasformare la riunione in un campo di battaglia. Quindi, ti schiarisci la gola e dici:

«Cerchiamo di fare sempre il massimo e anche di più per i nostri clienti! Esploriamo dei modi alternativi per dare personalità al portale, che non, uhm, confondano gli utenti o facciano loro pensare di aver scaricato un malware.»

La tua squadra capisce immediatamente che hai appena detto educatamente al cliente: "*Sul mio cadavere questo sito web suonerà come una fattoria didattica*". E così, intervengono anche loro.

Ian, che Dio lo benedica, dice: «Gli elementi audio potrebbero influire sui tempi di caricamento... e sulla conformità alle norme di accessibilità.»

E Nina, da diplomatica qual è, aggiunge: «E se invece suggerissimo *visivamente* il verso dell'anatra con delle icone animate?»

Emily fa una pausa. Per un secondo, pensi che stia per rincarare la dose. Poi dice: «Mmm. Forse solo un 'qua'? Tipo... sulla home page?»

Rispondi senza battere ciglio: «Preso nota!» e conti mentalmente i secondi che mancano alla fine della riunione.

19
LO TERRÒ A MENTE

osa vorresti davvero dire:

Ti ho forse chiesto un parere? No, non mi pare, stronzo!

Alternativa approvata dalle Risorse Umane:

Lo terrò a mente.

Scenario:

Hai avuto una giornata lunga e stai finalmente dando gli ultimi ritocchi alla proposta per il rifornimento dell'inventario: un foglio di calcolo che ti è costato due settimane, 20 tabelle pivot e più caffeina di quanta il tuo medico ti autorizzerebbe legalmente a berne. Hai ricontrollato tutto tre volte: i codici dei fornitori, i programmi di spedizione, tutto!

Sei orgoglioso del tuo lavoro e pronto a premere "Invia" per poi premiarti con un sacchetto di pretzel e 15 minuti passati a fingere di "collaborare" in sala pausa.

Ma proprio in quel momento, Ethan decide di passare di lì. Si china sulla tua scrivania, strizza gli occhi verso il tuo schermo e dice:

«Oh... usi ancora quel fornitore per il rifornimento? Hmm. Scelta audace.»

Sgrani gli occhi. *Scelta audace? SCELTA AUDACE?!* Il lavoro di Ethan è far quadrare le fatture, non supervisionare la logistica di magazzino. Una volta ha provato a fare un "audit" sul budget per gli snack e ha quasi scatenato una rivolta.

. . .

Inoltre, non hai mica chiesto il parere di Ethan. Nessuno ha chiesto il parere di Ethan. Ethan è... apparso e basta. Come un moscerino della frutta.

Lo guardi, con la mezza intenzione di dirgli: «Ti ho forse chiesto un parere? No, non mi pare, stronzo! Tu per vivere ordini colonne su un foglio di calcolo, non bolle di spedizione.»

Tuttavia, ti mordi la lingua mentre riduci lentamente a icona il foglio di calcolo, come se stessi nascondendo dei segreti di stato, per poi rispondere:

«Lo terrò a mente!»

Ethan sorride come se avesse appena risolto il problema della fame nel mondo e si allontana con la soddisfazione compiaciuta di un uomo che una volta ha letto metà di un libro sulla teoria della catena di distribuzione.

Torni al tuo schermo, espiri dal naso come un drago infuriato e riapri il file. Non apporti alcuna modifica.

Invii il rapporto così com'è. E, sorprendentemente (*ma va'!*)... viene approvato dai vertici esattamente come l'avevi preparato.

Il giorno dopo vedi Ethan in corridoio. Ti fa il pollice in su. Tu ricambi il sorriso educatamente e sussurri, a mezza voce:

«Scelta audace, un corno.»

20

RIMBOCCHIAMOCI LE MANICHE

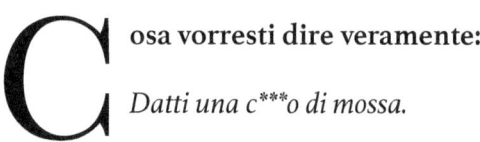

osa vorresti dire veramente:

Datti una c***o di mossa.

Alternativa approvata dalle Risorse Umane:

Rimbocchiamoci le maniche.

Scenario:

Ti hanno messo a lavorare con Jordan dell'Ufficio Acquisti per un compito urgente, molto concreto e molto importante: preparare la presentazione sull'audit dei fornitori da sottoporre al Direttore Finanziario. Non è un suggerimento. Non è un optional. È quel genere di cosa che può portare a una promozione... o alla pubblica gogna alla diapositiva 4.

Tu hai fatto la tua parte: hai sistemato le incongruenze nei contratti con i fornitori, hai aggiunto i flag di conformità aggiornati e hai persino ricontrollato tre volte i numeri di quella pila di fatture sospette della cui esistenza tutti gli altri si sono "misteriosamente" dimenticati.

Jordan? Jordan ha contribuito con una diapositiva per il titolo. E basta. Una diapositiva per il titolo. Con le parole: *Audit Fornitori 2025*.

È giovedì e la presentazione va consegnata venerdì a mezzogiorno. Scrivi a Jordan (di nuovo) e lui ti risponde:

«Ops! Sì, è che sono stato sommerso da altre cose. Ma mi ci metto stasera!»

Sai già che "mi ci metto stasera" significa che domani,

alle 11:49, darà una scorsa alle tue slide di Google mentre lecca lo yogurt dal fondo del coperchio.

Vorresti davvero marciare verso di lui, guardarlo dritto negli occhi e dirgli:

«Jordan. Datti una c***o di mossa. Non è questa l'energia giusta per il giorno del CFO. È l'esatto opposto di un aiuto.»

Ma ahimè, le Risorse Umane non sono fan delle bombe di verità senza filtri. E quindi, ti limiti a scrivere:

«Rimbocchiamoci le maniche e finiamo tutto oggi, così siamo a posto per domani!»

Jordan reagisce con l'emoji del pollice in su. Tu la fissi come se avesse insultato personalmente la tua famiglia. Poi, come ogni perfezionista alimentato da una leggera rabbia e dall'ansia, sistemi tu stesso la sua parte. Arriva venerdì.

. . .

Il Direttore Finanziario adora la presentazione. «Ottimo lavoro di squadra» dice.

Jordan annuisce come se avesse inventato lui PowerPoint. Tu annuisci di rimando, reprimendo l'impulso di dargli un pugno in testa.

21

TI ASCOLTO. MA DOBBIAMO CAMBIARE ROTTA

osa vorresti dire in realtà:

È l'idea più fottutamente stupida che abbia mai sentito.

L'alternativa approvata dalle Risorse Umane:

Ti ascolto. Ma dobbiamo cambiare rotta.

Scenario:

È giovedì mattina, e la sessione di brainstorming per la campagna social di questo trimestre è ufficialmente entrata nella sua fase di declino incontrollato. La lavagna è una scena del crimine di idee cancellate:

«Sfida virale su TikTok» (troppo rischiosa), «Flash mob di guerrilla marketing» (troppo costoso), «Stagista con un megafono» (semplicemente... no).

Metà del team sembra a un caffè versato di distanza da un esaurimento nervoso. È in quel momento che Bryce, del reparto creativo, fa la sua mossa.

Bryce, il tipo nuovo che è qui solo da tre settimane ma indossa già il berretto di lana al chiuso come se fosse un tratto della personalità. Bryce, che una volta si è definito «uno sciamano dei brand» e non ha contribuito con una singola idea realizzabile, a meno che non si conti il riorganizzare i post-it in una spirale «per l'energia».

Si sporge in avanti in modo teatrale, con gli occhi che gli si illuminano come se stesse per pronunciare il Discorso della Montagna, solo che invece dice:

«E se... invece di una newsletter, lanciassimo una lettura mensile dei tarocchi per i clienti? Però, tipo... via email. Forse il futuro dei loro KPI è... nascosto nelle stelle?».

. . .

Silenzio. Quel tipo di silenzio in cui si possono quasi sentire le cellule cerebrali di tutti andare in arresto cardiaco collettivo.

A Suzie, della contabilità, cade goffamente la penna, che sbatte rumorosamente sul pavimento. Monica, dell'ufficio legale, sbatte le palpebre così forte che temi possa staccarsi una ciglia. Lo stagista inizia a cercare freneticamente su Google «tarocchi» come se il suo status di non retribuito ora includesse un corso accelerato di astrologia.

Nel frattempo, tu sei lì, a stringere la tazza di caffè così forte che basta un'altra frase motivazionale per mandarla in frantumi.

Dentro di te, stai urlando: *Bryce, è l'idea più fottutamente stupida che abbia mai sentito. Ai nostri clienti non interessano gli oroscopi: fabbricano condizionatori d'aria per uffici a Omaha, non candele alle erbe per cerimonie al chiaro di luna a Topanga Canyon!*

. . .

Ma non puoi dirlo. Stai puntando al riconoscimento di "Potenziale di Leadership", e urlare contro qualcuno non fa bella figura in una valutazione delle performance. Quindi, invece, prendi un lunghissimo sorso del tuo caffè a temperatura ambiente e dici:

«Ti ascolto, Bryce. È un concetto interessante. Ma cambiamo rotta: forse, invece degli oroscopi, potremmo concentrarci su dati analitici in tempo reale. Qualcosa di tangibile. Qualcosa di concreto».

Bryce annuisce solennemente, come se gli avessi appena impartito un'antica saggezza. «Sì. Sì, i dati sono il linguaggio dell'universo». Poi inizia a scarabocchiare un simbolo del Sagittario sul suo taccuino. Al contrario.

La stanza rimane in un silenzio di tomba per un altro istante, finché qualcuno non sbuffa rumorosamente. E a quel punto è finita. L'intero team crolla in una risata incontrollabile mentre tu cataloghi mentalmente questo momento sotto la voce *Motivi per cui merito un aumento*.

22
L'AVVOCATO DEL DIAVOLO: PERCHÉ NON DOVREBBE FUNZIONARE?

Cosa vorresti veramente dire:

Hai semplicemente f&%utamente torto.*

Alternativa approvata dalle Risorse Umane:

Faccio l'avvocato del diavolo: perché questa cosa non dovrebbe funzionare?

Scenario:

Ti trovi a una riunione interdipartimentale per riprogettare il sistema di ticketing interno.

. . .

Quello attuale è così obsoleto che potrebbe tranquillamente richiedere una connessione dial-up. Sono tutti d'accordo: è ora di un aggiornamento.

Poi, Trevor dell'ufficio acquisti prende la parola.

Trevor, che sfoggia un auricolare Bluetooth come se stesse aspettando una chiamata dalla NASA. Trevor, il cui stile generale urla: «Excel, ma a tutto volume».

Si schiarisce la gola e sgancia questa perla:

«E se, invece di una piattaforma digitale, tornassimo ai moduli cartacei? La gente li compila, li mette in una scatola e poi qualcuno li registra ogni venerdì. È più tangibile, capite?»

Sbatti le palpebre, lo fissi e per un attimo ti chiedi se Trevor abbia battuto la testa sullo scaffale di un ripostiglio.

Pam dell'amministrazione si strozza con il tè.

. . .

Asha dell'IT sembra pronta a presentare un reclamo contro l'intera umanità.

Dentro di te, stai urlando: *«Hai semplicemente f*&%utamente torto, Trevor. Non siamo nel 1993. Vogliamo resuscitare anche i cercapersone, i floppy disk e internet con il dial-up?!»*.

Ma a voce alta, inclini la testa come se fossi sinceramente curioso e dici:

«Faccio l'avvocato del diavolo: perché questa cosa non dovrebbe funzionare?»

Trevor si illumina.

«Beh» comincia, sistemandosi l'auricolare Bluetooth come se stesse per far atterrare un aereo, «le piattaforme digitali creano troppa dipendenza da una connessione internet stabile e dall'alfabetizzazione tecnologica. Non tutti si trovano a proprio agio con le interfacce digitali e, quando qualcosa si rompe, l'intero flusso di lavoro collassa. La carta è affidabile. Non c'è mai bisogno di riavviare la carta».

Sorride come se avesse appena messo la parola fine all'innovazione stessa.

Per fortuna, Asha interviene come un'eroina:

«Sicurezza? Un incubo. Tracciabilità? Impossibile. E poi, la deforestazione, vogliamo parlarne?»

Trevor annuisce pensieroso... e non menziona mai più i moduli cartacei.

Finita la chiamata, ti siedi, guardi fuori dalla finestra e sussurri:

«Faccio l'avvocato del diavolo: perché Trevor è ancora stipendiato?»

23

AGGIORNIAMOCI SU QUESTO

osa vorresti davvero dire:

Adesso non ho proprio voglia di sorbirmi le tue stronzate.

L'alternativa approvata dalle Risorse Umane:

Aggiorniamoci su questo.

Scenario:

Sono le 9:06 di un martedì mattina e tu stai ancora mentalmente cercando di ripartire dopo il fine settimana.

. . .

Oggi hai *un solo* e unico obiettivo: sopravvivere fino a pranzo senza piangere sulla tastiera o ordinare d'impulso dei croissant antistress.

Sei nel bel mezzo di un'e-mail, nel tentativo di coordinare una call con un fornitore per il lancio della campagna di packaging ecologico: un'iniziativa di più mesi descritta come «la pietra miliare del secondo trimestre», «una svolta epocale» e «la cosa che tiene sveglio il Direttore Marketing la notte».

Brittani del reparto "Brand Activation", un dipartimento così misterioso che sei convinto esista solo durante il Q4, si precipita alla tua scrivania, stringendo una mood board scintillante coperta di ritagli di riviste e... aspetta... è una piuma quella?

Brittani praticamente vibra per l'eccitazione. «Ho avuto una visione stanotte! Per il party di lancio: un'esperienza immersiva nella giungla! Pappagalli a LED. Macchine del fumo. Cappelli da safari. E, senti questa, noci di cocco personalizzate servite con cannucce compostabili!»

. . .

Ti prendi un minuto per elaborare davvero quello che Brittani ha appena detto, e hai mezza intenzione di risponderle:

«Sai che c'è? Adesso non ho proprio voglia di sorbirmi le tue stronzate. Non ho ancora nemmeno aperto Outlook. E poi, le noci di cocco? Sul serio?»

Ma non lo fai. Tiri fuori fino all'ultima goccia di professionalità che riesci a racimolare e dici: «Aggiorniamoci dopo che mi sarò consultato con l'Ufficio Legale».

Ma sai bene cosa intendi in realtà: *«Lascio che sia l'Ufficio Legale a stroncare questa follia, così non devo farlo io»*.

Brittani sorride raggiante. «Fantastico! Comincio a cercare i pappagalli!»

Si allontana canticchiando una canzone di Beyoncé, lasciandoti lì, seduto, sbigottito, a chiederti: *Come fa ad avere ancora un lavoro? E dove diavolo ha preso quella piuma?*

24

SE NE FARÀ CARICO LEI

Cosa vorrebbe dire in realtà:

Smettila di essere un fottuto scansafatiche!

L'alternativa approvata dalle Risorse Umane:

Se ne farà carico Lei.

Scenario:

Sta annegando nelle scadenze, con un tic all'occhio a furia di fissare un foglio Excel con formule così complesse che è quasi convinto di aver accidentalmente evocato un'antica divinità dei fogli di calcolo.

. . .

Ed ecco che arriva Darren della Finanza, caffè freddo in mano, che passeggia come se fosse nel montaggio di una commedia romantica. Nessuna fretta, nessuna preoccupazione.

«Ehi,» dice, stiracchiando quella singola sillaba in un intero manifesto. «Una cosa al volo: può preparare l'analisi dei costi aggiornata per il terzo trimestre? Non dovrebbe volerci molto.»

Lei sbatte le palpebre. Lentamente. Perché quei numeri *li ha* già preparati. La settimana scorsa. Ha colorato le celle. Ha applicato la formattazione condizionale. In pratica, ci ha messo l'anima, o meglio, l'ha *excelizzata*.

Ma Darren non ha aperto il file. Darren, che è stato «incasinatissimo» – ovvero, ha partecipato al Money-Fest 2025, un off-site di tre giorni dove il suo principale risultato sono stati selfie su Instagram con didascalie tipo *«Il grind non si ferma mai!»* e *«#FiscalAF.»*

Vorrebbe urlargli: «Darren, smettila di fare il fottuto

scansafatiche e fai il tuo lavoro. Questo non è un TED Talk sul caffè, è la vita reale.»

Ma ha fatto la formazione aziendale. È un professionista. Quindi, invece, fa un respiro lento e calmante e dice semplicemente: «Se ne farà carico Lei.»

Darren sorride, non cogliendo minimamente il sottinteso. «Figo, figo. Mi faccia sapere quando è pronto!»

Se ne va, sorseggiando il suo caffè freddo come il protagonista di una parodia sulla produttività. Lei, nel frattempo, rinomina il suo foglio di calcolo *Casino di Darren (Versione Finale Definitiva).xlsx*, chiedendosi quanti Darren possa sopportare la forza lavoro prima del collasso totale.

25

QUI SIAMO IN TRINCEA

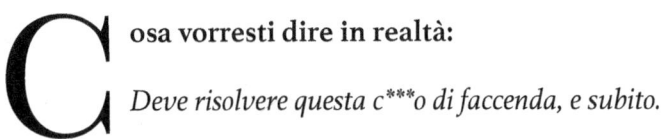

osa vorresti dire in realtà:

Deve risolvere questa c***o di faccenda, e subito.

Alternativa approvata dalle Risorse Umane:

Qui siamo in trincea.

Scenario:

10:00: Riunione di emergenza con tutto il personale.

Il portale clienti non è semplicemente offline: è offline livello *errore-404-la-sua-azienda-è-spacciata*.

. . .

I clienti sono fuori controllo. Le email stanno inondando la posta. Il team è nel panico.

E Dylan dell'IT?

Sparito nel nulla.

Dopo una ricerca frenetica, lo trovi nell'area ristoro, mentre sgranocchia con nonchalance un burrito grande quanto un bambino, perché, ovviamente, Dylan vive secondo l'orario del burrito, non quello delle emergenze.

Tu, con la mascella serrata: «Dylan. Il portale. È offline da un'ora. I clienti stanno dando di matto».

Dylan risponde, a bocca piena e con urgenza pari a zero: «Sì, bah. Sarà solo un piccolo inghippo del server. Ci penso dopo questo burrito. Devo fare il pieno di carboidrati per essere al massimo, capisce?».

. . .

Tu, ovviamente, vorresti urlare: «DYLAN, DEVE SISTEMARE QUESTA C***O DI COSA SUBITO O LA SOSTITUISCO CON UN CHATBOT CHE RISPETTA LE SCADENZE».

Ma invece, incanalando la calma furia di un veterano dell'ufficio, dici: «Dylan, qui siamo in trincea. I clienti stanno letteralmente impazzendo. Possiamo scaldare il burrito al microonde più tardi?».

Dylan sospira in modo plateale, come se fosse lui quello che sta soffrendo.

«Va bene, va bene. Ma dopo stacco decisamente per la pausa pranzo».

Tu annuisci, mentre già abbozzi mentalmente un annuncio di lavoro intitolato:

Cercasi Specialista IT. Deve dare priorità ai server piuttosto che agli spuntini.

26

SIAMO UNA FAMIGLIA

Cosa Vorresti Davvero Dire:

Pensi davvero che qualcuno di noi sia felice di essere qui di venerdì sera?

Alternativa Approvata dalle Risorse Umane:

Siamo una famiglia.

Scenario:

È venerdì sera e sei in ufficio.

. . .

Da qualche parte nel mondo, della gente sta facendo tintinnare i bicchieri, mangiando tacos e non ha un cartellino al collo.

Ma non tu. Non il tuo team.

No.

Siete stipati nella Sala Riunioni B, una stanza che puzza perennemente di caffè bruciato e rimpianti, rannicchiati attorno a un monitor tremolante.

La presentazione per il cliente è per lunedì mattina, e Natalie degli Eventi ha appena sganciato la bomba: tutta la sua presentazione è in Papyrus.

Natalie, con voce rotta dal panico, esordisce: «Non capisco. Sul mio portatile andava benissimo!»

Ti senti morto dentro mentre rispondi: «Ce l'hai da martedì».

. . .

Natalie, con gli occhi lucidi, stringendo un caffellatte d'avena come se fosse una bevanda di supporto emotivo, dice: «Sì, ma martedì è stata, tipo, una giornata davvero difficile per me».

Scruti la stanza: Tom è alla sua quinta Red Bull e vibra a vista d'occhio; Asha non sbatte le palpebre da ore, e Jared dell'ufficio legale? Completamente addormentato. Bocca aperta. Russa.

Poi Natalie dà il colpo di grazia: «Semplicemente non trovo giusto dover restare fino a tardi per sistemare questa cosa».

Oh no. Ohhh no no no.

Vorresti urlare:

Giusto? Natalie, pensi che qualcuno di noi sia felice di essere qui di venerdì sera? Nessuno di noi vuole essere qui. È venerdì, per l'amor del cielo! I miei tacos sono andati. La mia anima è andata. Siamo tutti morti alle 18:00.

Ma non è questo che urli. Nah.

· · ·

Quello che dici davvero (con la calma furia di un life coach sull'orlo di una crisi di nervi) è:

«Senti, Natalie... siamo una famiglia. E le famiglie si sostengono a vicenda, nel bene e nel male, giusto?»

Natalie annuisce, passando finalmente al carattere accettabile.

Tom esulta, Asha sbatte le palpebre e Jared si riscuote dal suo sonnellino.

27

POTRESTI DARGLI UN'ALTRA OCCHIATA? E GIÀ CHE CI SEI, SE RIUSCISSI A SVISCERARLO UN PO', SAREBBE FANTASTICO

Cosa vorresti dire in realtà:

Questo report è assolutamente inutile.

L'alternativa approvata dalle Risorse Umane:

Potresti dargli un'altra occhiata? E già che ci sei, se riuscissi a sviscerarlo un po', sarebbe fantastico.

Scenario:

È il giorno della riunione settimanale sulle vendite e Brad ti consegna il suo "esaustivo" report sulle vendite del Q2. È lungo 47 pagine, il che fa ben sperare... finché non lo apri.

. . .

L'introduzione? Tre pagine di fuffa aziendale. Ci sono 12 grafici senza etichetta che sembrano tirati a indovinare piuttosto che basati su dati concreti. E la slide 26? Uno screenshot sfuocato di... qualcosa. Excel? Una casa infestata? Impossibile dirlo.

Il takeaway finale? «Le vendite... ci sono».

Nel frattempo, Brad se ne sta spaparanzato sulla sedia, tutto fiero, come se avesse appena trovato la soluzione per la pace nel mondo. Tu lo fissi, tentato di chiedergli:

«Brad, per caso ti è passato il gatto sulla tastiera? Hai corrotto un procione perché ti facesse le slide? Perché questo report è inutile! Credimi, ho letto più spunti di riflessione sul tappo di una bottiglia!»

Ma tu sei un professionista. E qui queste cose non si fanno. Quindi, ti aggrappi alla tua tazza riutilizzabile come se fosse una scialuppa di salvataggio e, con voce calma, dici:

. . .

«Brad, grazie per averlo preparato! Potresti dargli un'altra occhiata, però? E già che ci sei, se riuscissi a sviscerarlo un po', sarebbe fantastico. Giusto per... distillare i punti chiave. E magari, se potessi, provare a usare qualche parola vera invece di concetti astratti».

Brad annuisce serio, come se avessi parlato in codice, e con fare serafico riapre PowerPoint.

«Assolutamente! Aggiungerò più... roba coi dati».

Tu sorridi e annuisci, mentre muori un po' dentro.

28

HAI UN MINUTO PER FARE DUE CHIACCHIERE?

Cosa vorresti dire veramente:

Adesso sei in un mare di guai.

Alternativa approvata dalle Risorse Umane:

Hai un minuto per fare due chiacchiere?

Scenario:

L'intero team è stato sguinzagliato in una yogurteria self-service perché il tuo capo ha letto un articolo intitolato *Date autonomia al vostro staff* e ha pensato che fosse una metafora geniale.

. . .

La gente ride. Socializza. Lega grazie alle guarnizioni di biscotti sbriciolati.

E poi entra in scena Connor.

Connor, dell'ufficio legale, si aggira furtivamente vicino alle guarnizioni come se stesse studiando il colpo. All'inizio non ci fai molto caso, finché non lo noti mentre versa delle coppette Reese's direttamente in un sacchetto Ziploc che si è portato da casa.

Sbatti le palpebre.

Poi si avventa sugli M&M's alle arachidi e sui mochi. E adesso sta riempiendo un secondo sacchetto.

Resti di sasso, e non per lo yogurt gelato, ma per pura incredulità. Ti guardi intorno. C'è qualcun altro che sta vedendo la scena? No. Solo tu. E l'adolescente che lavora dietro al bancone, che sta già componendo freneticamente il numero del suo capo.

. . .

Marci verso Connor e vorresti sibilare:

«Connor, sei in un mare di guai! Ti sei guardato intorno? Questo non è un ipermercato. Non puoi contrabbandare guarnizioni all'ingrosso come se ti stessi preparando per l'apocalisse.»

Ma non lo fai, mantieni un contegno glaciale come lo yogurt. Fai un respiro, poi gli tocchi la spalla e dici:

«Ehi Connor, hai un minuto per fare due chiacchiere?»

Dall'espressione sul suo volto capisci che ha colto il tuo messaggio telepatico: *«Metti giù gli orsetti gommosi e allontanati dalle guarnizioni, bandito degli snack.»*

Connor, perplesso, chiede: «Oh... c'era un limite?»

Inspiri profondamente e rispondi.

. . .

«Sì, Connor. Il limite era una coppetta, non una scena di *Ocean's Eleven: Edizione Dessert*.»

Lo porti via come un buttafuori a una fiera di caramelle, mentre Connor borbotta qualcosa sui "benefit per i dipendenti". Nel frattempo, l'adolescente della yogurteria ti fa un pollice in su in segno di gratitudine.

Hai sventato per un soffio il grande furto di guarnizioni dell'anno.

Ti ricordi che la settimana prossima tra gli impegni di Connor c'è un corso di formazione obbligatorio sull'etica. Con te. Su Zoom.

Stai già preparando le slide.

E la prima dice senza dubbio: *Non saccheggerai gli zuccherini.*

29

QUI C'È MOLTO DA SVISCERARE

Cosa vorresti dire davvero:

Ma di che cazzo sta parlando?

L'alternativa approvata dalle Risorse Umane:

Qui c'è molto da sviscerare.

Scenario:

È il secondo giorno del ritiro aziendale di «detox digitale». La location? Una baita sospettosamente umida in mezzo ai boschi.

. . .

Sei seduto in un cerchio di pouf a sacco, sorseggiando una tisana tiepida che sa di angoscia esistenziale. Sono passate trentasei ore senza Wi-Fi, caffeina o un briciolo di sanità mentale. Ieri ti hanno chiuso il telefono in una «scatola per la resa tecnologica» e sei sicuro al 98% che qualcuno abbia pianto durante il cerchio di respirazione del mattino.

Ed ecco Aubrey. Nuova assunta. Reparto sconosciuto. Forse delle Risorse Umane. Forse una guida spirituale part-time. Senza dubbio un TED Talk ambulante in sandali Birkenstock.

Aubrey alza la mano a metà del cerchio, con gli occhi che brillano del fervore di chi non ha mai usato Excel in vita sua, e dice:

«Credo che se allineassimo i nostri chakra con i nostri OKR trimestrali, riusciremmo finalmente a raggiungere la sinergia del terzo trimestre».

Tu la fissi. Tutti gli altri annuiscono solennemente. Qualcuno sussurra: «Potente». Un altro se lo appunta come se stesse incidendo le Tavole della Legge.

. . .

Non riesci a credere alle tue orecchie e vorresti dire:

«Ma di che cazzo sta parlando? I chakra non si mettono nelle tabelle pivot, Aubrey».

Ma dirlo ti farebbe guadagnare un sacco di sguardi di sbieco. Così, mentre ti massaggi le tempie come se ospitassero un'emicrania fatta di PowerPoint, dici invece:

«Qui c'è molto da sviscerare».

Dentro di te stai urlando: *Questa è una setta. Sei entrato in una setta. E ora ci sono dentro anch'io per colpa di un invito su Slack.*

Aubrey sorride, imperterrita. «Vero? Sento che se solo riformulassimo i KPI come intenzioni di crescita personale-»

. . .

Le mostri la tisana. «Ok, La fermo subito prima che io-»

Il tuo manager, scalzo e avvolto in un poncho da team-building tessuto a mano, interviene:

«Riprendiamo l'argomento dopo il mormorio consapevole».

Fai un respiro profondo. Non perché ti dia un senso di stabilità, ma perché l'alternativa è staccare completamente la spina.

30

STABILIAMO UN PROCESSO

Quello che vorresti veramente dire:

Hai combinato un altro ca**o di casino?

Alternativa approvata dalle Risorse Umane:

Stabiliamo un processo.

Scenario:

È giovedì, le 15:22, e la presentazione al cliente è tra un'ora.

. . .

È la scadenza finale. Be', la terza scadenza finale, perché qualcuno continua a «fare giusto due modifiche». Non dormi come si deve da giorni. Sei composto al 70% da caffeina e al 30% da rabbia latente. E questa presentazione? È passata attraverso 12 versioni. *Dodici*. A questo punto, ha probabilmente maturato i requisiti per la pensione.

Apri il file che Eric del marketing aveva giurato, e sottolineo giurato, fosse rifinito, corretto e pronto a fare faville.

Clicchi sulla slide 1, ma c'è il nome del cliente sbagliato. Slide 2? Il logo del suo concorrente. Slide 3? Un delfino. Non una metafora arguta. Non la mascotte di un cliente. Solo una foto a schermo intero di un delfino che sorride come se la sapesse lunga.

Sbatti le palpebre e ti stropicci gli occhi. Poi, clicchi di nuovo sulla terza slide.

Già! Ancora lì. Ancora decisamente acquatico.

. . .

Lentamente, ruoti sulla sedia e ti giri verso Eric, che sta sgranocchiando tranquillamente dei salatini come se non avesse appena caricato un PowerPoint partorito da un delirio febbrile. Vorresti disperatamente dirgli:

«Eric. Hai combinato un altro ca**o di casino? Hai un secondo lavoro come sabotatore?»

Ma non lo fai. Perché Eric ti segnalerebbe per comportamento 'aggressivo' sul lavoro. Perciò, dici con calma:

«Ok... stabiliamo un processo per il futuro, qualcosa di semplice, tipo... assicurarci che la presentazione non includa fauna marina o loghi che potrebbero mandare a rotoli il contratto.»

Eric alza lo sguardo a metà sgranocchiata e ride.

«Oh, strano! Forse ho caricato la versione sbagliata. Ne avevo aperte, tipo, quattro. Ah ah.»

. . .

Tu non fai eco a quell'«ah ah». Invece, apri il tuo file di backup (Finale_Finale_DavveroFinale_QUESTA-v2.pptx) e inizi a correggere ogni slide. Di nuovo. Delfino? Cancellato. Reputazione aziendale? Salva.

Eric, ancora beatamente stipendiato, si allontana, salatini in mano.

31

AL MOMENTO NON HO LA BANDA

Cosa vorresti dire davvero:

Ho già abbastanza cazzi per la testa.

L'alternativa approvata dalle Risorse Umane:

Al momento non ho la banda.

Scenario:

Ti stai finalmente godendo il tuo primo momento di pace del mese: in tuta, con in mano un burrito per colazione, a metà di quella serie Netflix di cui tutti parlano un gran bene. Dopotutto, è una tranquilla domenica di relax.

. . .

Quando arriva il temuto *PING* di Margaret delle Risorse Umane. Il suo allegro messaggio su Slack ti rimbomba nel telefono come una sirena da stadio:

«Ciao, team! Solo una piccola richiesta per il weekend: potreste aggiornare i vostri obiettivi di sviluppo professionale sul portale entro stasera? I vertici vogliono dargli un'occhiata come prima cosa lunedì! :)»

Quasi ti strozzi con la guacamole. Il portale per lo sviluppo professionale? Lo stesso che è andato in crash tre volte la settimana scorsa? Quello che richiede una procedura di accesso in 12 passaggi che nessuno sa spiegare, neanche quelli dell'IT? E Margaret ha la faccia tosta di inviare questo messaggio dal suo materassino in piscina (nella sua foto di stato su Slack si vede letteralmente il ragazzo che le porta i cocktail).

Ogni cellula del tuo corpo vorrebbe rispondere: *Margaret, ho già abbastanza cazzi per la testa! Il mio "sviluppo professionale" al momento consiste nel ricordarmi che giorno è senza guardare il telefono! L'unico "obiettivo" a cui sto lavorando è togliere la macchia di guacamole dalla tuta!*

. . .

Ma invece, fai un respiro profondo, e un sorso ancora più profondo di mimosa, prima di scrivere:

«Grazie per la comunicazione, Margaret! Purtroppo, al momento non ho la banda. Me ne occuperò come prima cosa lunedì mattina!»

L'inevitabile risposta di Margaret arriva prima ancora che tu dia un altro morso:

«Nessun problema! Fai pure con comodo! :)»

Che ormai sai si traduce in: *Ti manderò solleciti sempre più passivo-aggressivi ogni 90 minuti finché non obbedirai.*

Per un attimo valuti di rispondere con una foto delle tue gambe in tuta appoggiate sul tavolino, ma invece sfoderi l'opzione nucleare:

- Silenziare le notifiche.

. . .

- Versarti un secondo mimosa.

- E pianificare mentalmente che la password del portale "smetta misteriosamente di funzionare" lunedì mattina.

Gli obiettivi di sviluppo professionale? Possono aspettare che Margaret sviluppi un po' di cortesia professionale.

32

CERCO UN CAMBIO DI PARADIGMA PIÙ RADICALE

Cosa vorresti dire davvero:

È stata una proposta davvero stupida.

L'alternativa approvata dalle Risorse Umane:

Cerco un cambio di paradigma più radicale.

Scenario:

Sei seduto in sala riunioni con il team di sviluppo prodotti e Jack delle Vendite. La riunione doveva vertere sull'ampliamento della gamma di articoli per la casa di lusso dell'azienda: pensa ad aspirapolvere di alta gamma, purificatori d'aria intelligenti e mobili ergonomici per il professionista moderno. Avete discusso di linee di prodotti, espansione del mercato ed esperienza utente.

Jack, tuttavia, sembra non aver colto il punto.

È rimasto in silenzio per la maggior parte della riunione, ma ora si è raddrizzato sulla sedia, sfogliando con eccitazione una pila di fogli. Ti prepari al peggio, perché sai che Jack è uno di quelli che ha sempre la "prossima grande idea", e di solito è un po'... fuori di testa.

Si alza in piedi e batte le mani, con un sorriso trionfante come se avesse appena decifrato il Codice Da Vinci. «Okay, ragazzi, ascoltatemi: mobili. Ma facciamoli *intelligenti*. Non solo connessi, ma *emotivi*. Sto parlando di divani che monitorano l'umore. Si sincronizzano con i dati biometrici. Se si è stressati, i cuscini si ammorbidiscono. Se si è felici, la base a LED si illumina in modalità festa. Li chiameremo... *Feeliture*.»

Sbattete le palpebre. Lentamente. Due volte.

. . .

Il tuo cervello inizia a domandarsi se abbia bevuto troppo caffè, motivo per cui senti queste cose. Nella stanza, tutti gli altri sembrano altrettanto sbigottiti, e cogli qualcuno che mima incredulo la parola "Feeliture?". Jack ha appena proposto di creare dei divani senzienti?

«Cosa?» chiedi alla fine, perché qualcuno deve pur farlo.

Jack annuisce con entusiasmo. «Sì! Pensateci! Collari per cani con stile. Un simbolo di ricchezza per il vostro animale domestico. Dimenticate la roba da poco: questi collari sono una dichiarazione di stile.»

Sulla stanza cala un silenzio di tomba.

Ti senti come se stessi per implodere. La riunione doveva riguardare l'espansione nel settore degli articoli per la casa di lusso, non degli accessori di lusso per animali. Onestamente, vorresti dire:

. . .

«Jack, la sua è stata una proposta davvero stupida. Quale sarà il prossimo passo? Un divanetto che piange quando ci si lascia sopra? Una poltrona reclinabile che avvisa il suo terapeuta? Ha guardato troppo *Black Mirror*?»

Ma quello che dici davvero, forzando un sorriso aziendale che sembra possa spaccarti la mascella, è:

«Concetto interessante, Jack. Cerco però un cambio di paradigma più radicale, qualcosa che rivoluzioni il mercato in modi che non abbiamo mai visto prima.»

Ciò che intendi veramente è: *Preferirei vendere sturalavandini placcati d'oro piuttosto che provare a commercializzare un divanetto emotivo. Ma certo, Jack. Facciamo finta di niente.*

Jack, totalmente ignaro della tua incredulità, scarabocchia appunti come se stesse per rivoluzionare l'industria del mobile. «Sì, sì, definiremo i dettagli. Questa cosa farà il botto, fidatevi.»

. . .

Annuisci, domandandoti segretamente se sei finito per caso in un universo parallelo.

Mentre Jack continua a spiegare con entusiasmo la sua visione, ti chiedi se riuscirai a superare questa riunione senza ridere, piangere, o fare entrambe le cose contemporaneamente.

33

LE ANDREBBE DI INTERVENIRE?

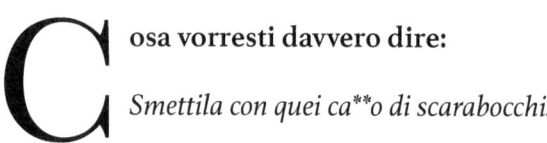osa vorresti davvero dire:

Smettila con quei ca**o di scarabocchi.

Alternativa approvata dalle Risorse Umane:

Le andrebbe di intervenire?

Scenario:

È un'altra sessione di brainstorming del team.

L'obiettivo? Una riunione produttiva sul lancio imminente del prodotto.

. . .

La realtà? Si preannuncia come un disastro o come la storia delle tue origini da supercattivo.

Scruti la stanza. Si discutono metriche e strategie di mercato, ma non da parte di Anna della contabilità. Sai che di solito è sveglia, ma in questo momento sta fissando lo schermo del proiettore con sguardo assente.

Anzi, non finge nemmeno di prestare attenzione alla discussione. No, Anna è immersa in quella che si può solo descrivere come una trance da scarabocchio.

La sua penna volteggia sul blocco note con un'intensità tale da suggerire che stia disegnando il senso della vita stessa. È un fiore? Un gatto? Una richiesta d'aiuto astratta?

Qualunque cosa sia, sta diventando allarmantemente dettagliata, mentre il resto del team arranca tra le proiezioni di vendita.

. . .

Ne hai abbastanza. Il momento 'alla Picasso' di Anna sembra una protesta velata, o un segno che è a un passo dal perdere le staffe in questo circo aziendale.

Per un attimo prendi in considerazione di dire:

Anna, smettila con quei ca**o di scarabocchi e concentrati! Non ti stai preparando per una mostra d'arte, e l'unica cosa che stai disegnando è la tua strategia di uscita dall'azienda.

Ma non vuoi essere scortese, quindi opti semplicemente per dire:

«Anna, Le andrebbe di intervenire? La vedo molto... ispirata, laggiù.»

Speri che capisca che intendi dire:

Ok, Anna. Posi quella penna prima che io perda quel che resta della mia sanità mentale. Magari contribuisca invece di lanciare la prossima tendenza artistica del dipendente frustrato.

. . .

Anna alza lo sguardo, sbattendo le palpebre come se si fosse appena resa conto che esistono altri esseri umani.

Il suo viso si illumina come se stesse per rivelare un'intuizione epocale.

Invece, dice:

Oh! Scusi, stavo solo... ehm, be', penso di poterlo spiegare più tardi. Ma questo potrebbe tranquillamente essere il prossimo logo aziendale. Tipo... più eccentrico, sa?

Fai un respiro lungo e profondo, reprimendo l'impulso di lanciare in orbita il telecomando del proiettore. «Lo terrò a mente, Anna. Magari ne discuteremo... durante la prossima riunione di contabilità.»

Lei annuisce, per nulla turbata, e torna a scarabocchiare.

. . .

Mentre la riunione va avanti a stento, lanci un'occhiata al capolavoro crescente di Anna e ti chiedi se sia una metafora della tua vita: circondato dal caos, a malapena in grado di tenere insieme i pezzi, mentre qualcun altro trasforma il proprio blocco note in una galleria d'arte indotta dallo stress.

34

ACCANTONIAMO LA QUESTIONE PER ORA

Cosa vorresti dire in realtà:

Non sono in vena per queste cazzate.

L'alternativa approvata dalle Risorse Umane:

Accantoniamo la questione per ora.

Scenario:

Sei in dirittura d'arrivo. Il fine settimana è così vicino che quasi puoi sentire il sapore del Pinot Grigio che ti aspetta in frigo. Solo altri cinque minuti di questa riunione, l'unico ostacolo tra te e la dolce libertà. È in quel momento che Steve, lo sciamano tecnologico residente del reparto IT, si schiarisce la gola con la solennità di chi sta per rivelare il senso della vita.

«Ho eseguito delle diagnostiche sui nostri punti deboli della larghezza di banda», esordisce, con gli occhi che brillano. «E se... migrassimo verso una topologia di rete mesh?»

La musica la conosci già:

- **Strofa 1:** L'«idea rivoluzionaria» di Steve (alias, la stessa proposta del mese scorso).
- **Ritornello:** Vaghe promesse di «connettività senza interruzioni».
- **Bridge:** Tutti fingono che gli interessi.
- **Outro:** In realtà non cambia mai niente.

Te ne stai lì, ad annuire educatamente, sforzandoti al massimo per non avere lo sguardo perso nel vuoto, perché non c'è una sola parte di te che sia minimamente interessata a ciò che sta dicendo. Non ti interessa. Sono mesi che supporti le infinite digressioni tecniche di Steve e semplicemente non ne puoi più.

. . .

Sei a un passo dal dire:

«Steve, non sono in vena per queste cazzate. La Sua ultima "soluzione infallibile" ha fatto urlare la stampante come uno spirito Banshee ogni volta che qualcuno inviava un PDF.»

Ma quello che dici in realtà, reprimendo ogni emozione dalla voce, è:

«Affascinante! Accantoniamo la questione per ora e riprendiamola quando saremo tutti... *più freschi.*»

Speri che colga il sarcasmo. Tuttavia, non nota la tua lotta interiore. Anzi, sta già scarabocchiando altri appunti, preparandosi a inviare a tutti un'email con i dettagli della sua "idea incredibile" dopo la riunione.

Quando la riunione finalmente finisce, corri verso l'ascensore a tempo di record, solo per sentire Steve che ti chiama:

. . .

«Aspetti! Le ho parlato della possibilità di integrazione con la blockchain?!»

Premi il pulsante di chiusura delle porte con fervore religioso. Da qualche parte, una bottiglia di vino stappa il suo sughero in segno di solidarietà.

35

LA PREGO, SI FACCIA CARICO DI QUESTO PROGETTO

Cosa vorrebbe dire in realtà:

Si arrangi e basta, c*zzo.

Alternativa approvata dalle Risorse Umane:

La prego, si faccia carico di questo progetto.

Scenario:

È giovedì pomeriggio e in ufficio c'è un gran fermento: tutti si affannano per concludere i progetti prima del fine settimana. Lei è al telefono con Tom, un membro junior del team che proprio non ci arriva. Tom adora il suono della propria voce e, a quanto pare, odia Google, perché ogni sua domanda potrebbe trovare risposta in 0,3 secondi con una semplice ricerca.

La crisi di oggi? Il quarto passaggio di un'operazione che gli ha già illustrato tre volte. Gli ha inviato istruzioni dettagliate. Gli ha persino preparato una guida degna di essere esposta in un museo. E ora, dopo trenta minuti di telefonata, Tom è ancora confuso.

La sua pazienza è agli sgoccioli. La caffeina ancora di più. E la confusione senza fine di Tom è la ciliegina sulla torta di una giornata già di per sé frustrante.

Vorrebbe sbottare e dirgli:

«Tom, si arrangi e basta, c*zzo. Gliel'ho spiegato cinquanta volte. Usi il cervello, smetta di chiamarmi e se la sbrighi... non è mica fisica quantistica!»

Ma si ricorda che è ancora un junior, quindi riesce a mantenere un tono pacato e a dire:

. . .

«Tom, ho bisogno che si faccia carico di questo progetto. Sono certo che può prenderne le redini e portarlo a termine.»

Speriamo che capisca che intende: *Tom, la prego, per tutto ciò che è sacro, si assuma le sue responsabilità. Non sono la sua babysitter. Sono a due secondi dall'assegnarle il compito di organizzare graffette a tempo pieno.*

Mentre torna al lavoro, si chiede quanto tempo passerà prima che Tom mandi per sbaglio un'email a tutta l'azienda per chiedere di nuovo come si allega un file.

36
DIAMO UNO SGUARDO D'INSIEME AI DOCUMENTI

osa vorresti dire davvero:

Sì, non ho alcuna intenzione di leggere tutta quella roba.

Alternativa approvata dalle Risorse Umane:

Diamo uno sguardo d'insieme ai documenti.

Scenario:

Sei appena tornato da una magnifica settimana di ferie: sette giorni meravigliosi passati a fare maratone di serie TV, ignorare le email e far finta che il lavoro non esistesse. Ma adesso sei di nuovo qui. Alla tua scrivania. A fissare una montagna di email, una più assurda dell'altra.

Apri la prima, quella di Sarah dell'ufficio legale. Le email di Sarah non sono semplici email; sono *romanzi*. Ogni dettaglio, ogni clausola e ogni virgola sono documentati meticolosamente. C'è un motivo se le sue sono le email più lunghe di tutta l'azienda: tratta ogni messaggio come se fosse una potenziale controversia contrattuale.

Questa qui? 10 allegati. Ognuno più lungo del precedente. L'email stessa è un prologo di tre paragrafi su un nuovo contratto. Al secondo paragrafo, stai già mettendo in discussione le tue scelte di vita. Al terzo, hai deciso che non c'è alcuna possibilità che tu riesca a sbrigare questa faccenda oggi.

Vorresti solo scrivere:

«Sarah, non ho alcuna intenzione di leggere tutta 'sta roba. Non esiste che mi tuffi in questo romanzo legale adesso. Puoi riassumerlo o, ancora meglio, mandarmi un messaggio quando arriva la parte interessante? Il mio cervello è a malapena funzionante e sono ancora al primo caffè.»

Beh, potresti dirlo, ma devi essere più diplomatico. Devi stare al gioco. Ormai sei tornato in ufficio, quindi è il momento di "professionalizzare" la tua frustrazione.

Con questo in mente, ti limiti a rispondere:

«Grazie per avermi mandato tutto, Sarah. Per ora diamo uno sguardo d'insieme ai documenti e poi approfondiremo i dettagli una volta che avrò compreso meglio i punti principali.»

Traduzione? *Sarah, rispetto il tuo entusiasmo, ma oggi non leggerò queste 87 pagine. Il mio cervello è ancora a bordo piscina e preferirei pulire il microonde dell'ufficio piuttosto che sorbirmi tutto questo adesso. Dammi solo il Bignami, per favore.*

Sarah, sempre efficiente, risponde in pochi minuti:

. . .

«Certo, nessun problema! Ti riassumo i punti chiave.»

Un'ondata di sollievo ti pervade. Finché non ti rendi conto che l'idea di "riassunto" di Sarah è probabilmente un'email di 10 paragrafi che dettaglia ogni singolo punto. Ma ehi, sarà comunque più breve del documento originale.

Piccole vittorie.

Dai di nuovo un'occhiata alla casella di posta e, proprio mentre inizi a considerare di usare i giorni di ferie del prossimo anno, ti rendi conto che questa è solo la *prima* email. C'è un'intera montagna da scalare. Forse la strategia dello "sguardo d'insieme" è l'unica che ti manterrà sano di mente. O che almeno ti farà superare il lunedì senza un esaurimento nervoso.

37

DOBBIAMO TUTTI METTERCI LA FACCIA

osa vorresti dire veramente:

Smettila di far finta di lavorare e datti una mossa.

Alternativa approvata dalle Risorse Umane:

Dobbiamo tutti metterci la faccia.

Scenario:

È giovedì pomeriggio e hai passato tutta la giornata in riunioni una dopo l'altra. La campagna che verrà lanciata domani ti ha prosciugato ogni briciolo di energia. Ti stai destreggiando tra spade infuocate su una corda tesa, nel disperato tentativo di non far crollare tutto.

Proprio quando stai per riprendere fiato, entra Janine dell'Ufficio Operativo con passo di valzer.

Janine, che vive in un universo tutto suo, scorre con noncuranza il feed del telefono con una mano, mentre con l'altra sorseggia del kombucha. Passa accanto alla tua scrivania fluttuando come la pubblicità vivente di Instagram, del tutto ignara della scadenza imminente e del panico collettivo che si respira nell'aria.

Stai per ricordarle, educatamente, che state remando tutti nella stessa direzione, quando la senti dire al telefono:

«Sì, credo solo che ci serva più tempo. Forse una settimana? Non so, parliamone più tardi».

Più tardi?! La scadenza è *domani*. Non c'è nessun "più tardi". Janine, nel frattempo, sta tenendo un dibattito filosofico sulla gestione del tempo mentre sorseggia tè fermentato.

Fai un respiro profondo, sfoderi un sorriso cortese e ti avvicini.

Dentro di te? Vorresti chiederle: *Janine, ma vivi in un mondo fantastico e senza stress? Puoi smettere di far finta di lavorare e fare qualcosa di concreto? Magari, per una volta, controlla il calendario delle scadenze invece di Instagram!*

In realtà, con una pazienza da monaco, dici: «Janine, qui dobbiamo tutti metterci la faccia. La campagna parte domani e dobbiamo essere concentrati al 100%. Può focalizzarsi su questo? La "chiacchierata" di cui parla? Mettiamola in pausa finché la campagna non sarà online, d'accordo?».

Janine, a metà di un sorso di kombucha, ti fa un cenno sognante con il capo. «Oh, sì, certo, nessun problema. Finisco la telefonata e poi mi ci butto a capofitto».

. . .

Senti un tic all'occhio, ma annuisci comunque, resistendo all'impulso di sbattere la testa sulla scrivania.

Mentre Janine si allontana fluttuando per continuare il suo tour di negazione delle scadenze, ti chiedi come faccia a percepire ancora uno stipendio. Forse, e solo forse, una volta terminata la campagna, capirà che "più tardi" non esiste quando c'è una scadenza inderogabile il giorno dopo!

38

DOVREBBE CONTATTARE JOHN

Cosa Vorrebbe Davvero Dire:

È stata una bella cazzata. Dovrà implorare pietà.

L'alternativa approvata dalle Risorse Umane:

Dovrebbe contattare John.

Scenario:

Lei entra in quella che può essere descritta solo come l'epicentro di un disastro aziendale. Raul del reparto Vendite è impietrito davanti al proiettore, con la sua presentazione PowerPoint ancora fieramente proiettata sullo schermo:

Strategia di Vendita Corporate (seguita immediatamente da uno screenshot accidentale dei suoi messaggi di Tinder)

Il cliente, un cliente di punta che rappresenta il 45% del fatturato, è seduto lì, con gli occhi sbarrati e l'espressione di chi ha appena assistito a un incidente d'auto al rallentatore. L'ultimo messaggio visibile sullo schermo recita: «Ci sei? (con un'emoji di una pesca e di uno schizzo d'acqua)».

Ciò che Lei sa è che:

- Raul stava «solo dando una rapida controllatina al telefono» prima della riunione.

- In qualche modo è riuscito a condividere

l'intero schermo invece della presentazione preparata con cura.

Il Vicepresidente Finanziario del cliente si sta massaggiando le tempie in silenzio, come se stesse cercando di cancellare gli ultimi minuti dalla sua memoria.

Lei vorrebbe scuotere la testa e dire:

«Raul, è stata una bella cazzata. Dovrà implorare pietà. Cominci a scrivere il testamento. Ho sentito che le Risorse Umane cercano volontari per la prossima missione su Marte, magari può trovare un passaggio».

Ma non può dirlo. Quindi, chiude il portatile e dice:

«Raul, dovrebbe contattare John. Subito».

Spera che il suo tono e il suo sguardo lascino intendere che: *John dell'Ufficio Legale è l'unico che possa forse rime-*

diare a questo casino. E anche così, è una preghiera disperata. È ora di iniziare a pregare, amico mio.

Raul, che sembra aver visto un fantasma, mormora:

«John... dell'Ufficio Legale?».

Lei annuisce, con il volto mortalmente serio, come se gli stesse dando l'ultimo consiglio di cui avrà mai bisogno.

Il Vicepresidente Finanziario del cliente si alza, fissa lo schermo per un'ultima volta e pronuncia le sei parole più devastanti nella storia aziendale:

«Ci faremo sentire. Forse».

Appena la porta si chiude alle loro spalle, Raul finalmente si sblocca, il volto pallido e tremante.

. . .

«Quindi... male?».

Lei gli porge il biglietto da visita di John senza dire una parola, come se fosse la sua ultima speranza.

«Gli dica che è disposto a trasferirsi. Ovunque. Preferibilmente fuori dal pianeta».

39

VORREI SOLO RIALLACCIARMI A QUANTO HA DETTO

Quello che vorresti dire davvero:

Ma che ci faccio qui in questa riunione?

L'alternativa approvata dalle Risorse Umane:

Vorrei solo riallacciarmi a quanto ha detto.

Scenario:

Sei seduto alla riunione strategica settimanale e, negli ultimi 40 minuti, non è stato altro che un susseguirsi confuso di paroloni, slide di PowerPoint raffazzonate e affermazioni vaghe senza alcun senso. Il team è immerso in una discussione su "sinergia", "pivot" e "sfruttare i verticali": parole che sembrano avere un senso, ma che hanno l'impatto emotivo di una pezza bagnata.

E poi c'è Daryl dell'Ufficio Finanziario. Daryl, che negli ultimi 10 minuti ha sproloquiato su un nuovo "quadro di ottimizzazione del budget", un'espressione che al 99% sei sicuro si sia appena inventato. Sta disegnando cerchi sulla lavagna, parlando di "vettori di crescita" e "ottimizzazione sostenibile del flusso di cassa" come se avesse tra le mani il segreto dell'universo.

Nel frattempo sei al 30% con la testa tra le nuvole e al 70% a chiederti perché mai tu sia lì. Non lavori in finanza. Non ti occupi di strategia. L'unica ragione per cui sei a questa riunione è che qualcuno ha accidentalmente aggiunto l'invito al calendario di tutto lo staff e tu hai commesso l'errore da principiante di accettare.

Mentre Daryl continua a blaterare, guardi il telefono, pregando che vibri per un SMS di emergenza. Niente da fare. Il tempo scorre e mancano ancora 45 minuti prima che ti sia concesso di fuggire. Sei convinto che l'unica cosa più dolorosa di questa riunione sia essere costretto a guardare una televendita di due ore sugli aspirapolvere.

Valuti seriamente le conseguenze di sbottare e dire:

«Perché diavolo sono in questa riunione? Potrei leggere gli ingredienti sul retro di una scatola di cereali e sarebbe un uso più produttivo del mio tempo.»

Ma giungi alla conclusione che le conseguenze di una tale affermazione non ti piacerebbero. Così, mentre annuisci lentamente come se fossi sinceramente coinvolto (ma dentro stai urlando), dici:

«Vorrei solo riallacciarmi a quanto ha detto. Dobbiamo concentrarci sullo sfruttare i verticali e assicurare la massima sinergia...»

Ti interrompi, rendendoti conto di aver appena usato i suoi stessi paroloni, ma con ancora meno convinzione. Pensi alle due ore della tua vita che non riavrai mai indietro e ti chiedi se non avresti dovuto semplicemente darti malato oggi.

In qualche modo, la riunione va avanti, ma tu stai già pianificando mentalmente la tua fuga, dritto verso l'uscita più vicina e una tazza di caffè abbastanza forte da cancellare gli ultimi 40 minuti dal tuo cervello.

40

PER ORA METTIAMOLA DA PARTE, CI TORNEREMO SOPRA PIÙ TARDI

Cosa vorresti dire veramente:

Vattene a fanc*lo.

L'alternativa approvata dalle Risorse Umane:

Per ora mettiamola da parte, ci torneremo sopra più tardi.

Scenario:

È giovedì pomeriggio e la tua squadra ha finalmente trovato il ritmo giusto mentre prepara l'importante presentazione per il cliente di domani. Dopo settimane di tira e molla, riscritture dell'ultimo minuto e una piccola crisi per una presentazione eliminata per sbaglio, sei *a un passo* dalla fine.

Tutti sono concentratissimi. Il team di design sta limando i mockup finali. Tu stai facendo il controllo qualità sulle slide. C'è un'energia sacra e silenziosa che sembra dire: «Adesso non mandate tutto a puttane».

Ed ecco che entra in scena Lori, la regina dei suggerimenti non richiesti e delle deviazioni caotiche.

Lori lavora in un altro dipartimento e non è stata affatto coinvolta nel progetto, ma chissà come mai appare sulla soglia della sala riunioni con una «idea fresca».

«Stavo giusto pensando», esordisce, senza essere invitata, «e se cestinaste l'intero formato a slide per fare invece una scenetta interattiva dal vivo? Sapete, qualcosa di veramente diverso e dirompente!».

Ti blocchi.

. . .

Una scenetta?

Ti guardi intorno. Nessuno si muove. Neanche lo stagista osa respirare. Perché tutti si ricordano dell'ultima volta che Lori ha proposto un'idea del genere: implicava burattini a calzino, danza interpretativa e un lunghissimo resoconto alle Risorse Umane.

Lori continua, beatamente ignara della tensione collettiva che ha creato:

«Potremmo travestirci da diversi stakeholder e recitare il percorso dell'utente! Ho anche degli oggetti di scena avanzati dall'addio al nubilato di mia cugina!».

Quello che vorresti dire è:

«Lori. Vattene a fanc*lo. Questa è una presentazione aziendale, non una serata per dilettanti in un club di improvvisazione. Prendi i tuoi oggetti di scena da addio al nubilato e ritirati».

. . .

Ma invece, siccome ti piace il tuo lavoro e preferiresti non finire in un video di formazione obbligatoria delle Risorse Umane, sfoderi la tua migliore faccia da «sorrido-ma-sono-nel-panico» e dici:

«È un'idea... creativa. Accantoniamola per ora e ci torneremo sopra dopo la presentazione di domani. In questo momento, dobbiamo davvero rimanere allineati con il piano attuale».

Lori ti sorride, raggiante, con l'entusiasmo alle stelle. «Assolutamente! La settimana prossima fisso un po' di tempo per un brainstorming!».

Se ne va baldanzosa, probabilmente a disseppellire i burattini a calzino.

Ti giri verso la tua squadra e sussurri:

«Se tira fuori gli oggetti di scena, do fuoco al proiettore».

41

È ORA DI PARTIRE IN QUARTA

Cosa vorresti dire veramente:

Smettila di c*zzeggiare.

L'alternativa approvata dalle Risorse Umane:

È ora di partire in quarta.

Scenario:

È lunedì mattina. Sei appena di ritorno da un weekend lungo: tre giorni gloriosi lontano dalla tua casella di posta, dalle notifiche di Slack e dal suono che ti prosciuga l'anima del segnale acustico dell'auricolare

Bluetooth della tua collega ogni volta che riattiva il microfono.

Sei ancora leggermente scottato/a, emotivamente legato/a alla tua risposta automatica di fuori sede e spiritualmente impreparato/a a ciò che ti aspetta.

Ma la realtà colpisce duro. La tua agenda? Tripla prenotazione. La tua lista di cose da fare? Un romanzo breve. E il tuo team? Fermo immobile come un gruppo di PNG in attesa di una missione.

Ed ecco che entra Cody, l'incarnazione umana del "rimandare".

Cody dovrebbe guidare il lancio del nuovo prodotto questa settimana, sai, quello che è già stato rimandato due volte perché qualcuno ha "cancellato per sbaglio la cartella degli asset" (spoiler: è stato Cody).

Arriva con 20 minuti di ritardo, un caffè freddo in una mano e quello che sembra un cornetto mangiato a metà nell'altra. Indossa gli occhiali da sole al chiuso perché, a quanto pare, Cody è reduce dal suo concerto da headliner al Coachella.

Tenti di mantenere un tono professionale: «Buongiorno a tutti. Abbiamo un sacco di cose da sbrigare oggi...»

Cody ti interrompe come se lo spettacolo fosse suo. «Sì, sì, ma prima, che ne dite se iniziassimo con un piccolo gioco? Qualcosa di leggero. Ho visto un TikTok in cui i team disegnano la propria aura con i pastelli a cera!»

Sbatti le palpebre. Lentamente. Due volte. Perché dev'essere per forza uno scherzo. *Pastelli a cera? Aure? La settimana del lancio?*

Il resto del team ridacchia nervosamente, come se non sapesse se ridere o piangere. Tu? Stai stringendo la tua tazza da caffè riutilizzabile come se fosse una pallina antistress.

Basta un'occhiata alla lista straripante di compiti, alla scadenza imminente e al documento intitolato:

. . .

*URGENTE_FINALE_FINALE_LANCIO_ORA_-
DAVVEROQUESTO*

...ed è pacifico affermare che sei al limite.

Sei a cinque secondi dall'urlare:

«Cody, smettila di c*zzeggiare! Questa non è l'ora di educazione artistica. Non esiste nessuna aura. Esistono solo le consegne. Concentrati prima che ti revochi i privilegi del caffè.»

Ma all'ultimo secondo, ti ricordi della politica delle Risorse Umane contro le volgarità sul posto di lavoro, quindi ti schiarisci la gola e dici:

«Bene, squadra, è ora di partire in quarta. Prima di tutto...»

. . .

Lo dici con un sorriso, ma sono i tuoi occhi a fare il grosso del lavoro.

Cody fa spallucce, chiaramente senza capire che aria tira, e dice: «Assolutamente. Corriamo veloci e disegniamo i colori della nostra energia più tardi, ok?»

Non rispondi. Ti limiti ad aprire la bacheca del progetto, anticipi la scadenza di due giorni e preghi in silenzio gli dèi della produttività di intervenire.

Mentre la riunione inizia e Cody finalmente apre il suo portatile, probabilmente per guardare altri TikTok, ti appoggi allo schienale della sedia e pensi:

Avrei dovuto prolungare il mio congedo. Permanentemente.

42

VORREI FARE IL PUNTO SU COME STABILIRE UN CERTO EQUILIBRIO TRA LAVORO E VITA PRIVATA

osa vorresti dire veramente:

Sono stufo di fare straordinari non pagati.

Alternativa approvata dalle Risorse Umane:

Vorrei fare il punto su come stabilire un certo equilibrio tra lavoro e vita privata.

Scenario:

Sono le 6:45 di sabato mattina.

. . .

Ti trovi in mezzo al nulla, seduto in una camera d'albergo fatiscente con la carta da parati che si scrosta e le luci al neon che ronzano come se stessero cercando attivamente di distruggerti l'anima.

L'aria condizionata in camera si è rotta tre ore fa e ora sei coperto di sudore, che non è dovuto solo al caldo ma anche alla schiacciante consapevolezza di essere qui per il "Camp Synergy", il ritiro aziendale.

Più precisamente, sei qui perché saltare il ritiro non era una vera e propria opzione. La partecipazione era "fortemente incoraggiata", che tutti sanno essere un modo per dire obbligatoria, perché ci mancherebbe altro che tu dessi la priorità al riposo piuttosto che alla "sinergia di squadra".

Scegliere di non venire sarebbe stato annotato in silenzio (leggi: una mossa penalizzante per la carriera), quindi ora stai donando il tuo weekend a un legame aziendale non retribuito mascherato da sviluppo professionale.

. . .

Le tue uniche compagnie sono una maglietta leggera con il marchio dell'azienda e Brenda delle Risorse Umane, che ha già fatto cinque saluti al sole in corridoio e ora sta sorseggiando da un thermos Yeti con la scritta "Rise and Grind".

Speravi di avere un weekend in cui, sai, poter dormire fino a tardi.

Magari controllare le email in "modalità silenziosa" così il tuo capo non avrebbe potuto scriverti per quella scadenza "super urgente", anche se è segnata sul tuo calendario da due settimane.

Invece no, sei intrappolato qui per attività di "Team Building" che ti fanno venire voglia di fingere un infortunio solo per scappare.

Brenda batte le mani forte per attirare l'attenzione di tutti. «Okay, squadra! Prima della nostra escursione mattutina della gratitudine, faremo un esercizio di scrittura silenziosa su 'cosa significa il lavoro per le nostre anime'!»

. . .

Dai un'occhiata ai post-it che hai davanti. Le parole si confondono mentre il caldo nella stanza aumenta.

La tua anima? È da qualche parte tra il pavimento appiccicoso e l'odore di panini per la colazione scaldati al microonde.

Dietro di te, Karen del reparto Vendite sta discutendo con il personale dell'hotel sulla macchinetta del caffè che "non funziona correttamente", nonostante non siano nemmeno le 7:00 e si senta già il debole suono di un'attività rompighiaccio di "team-building" in corso nel parcheggio.

Sai di avere solo due scelte:

- Urlare nel bosco come una banshee aziendale e rischiare di essere segnalato per "eccessiva espressione emotiva",

oppure

- Ingoiare la rabbia e cercare di dire qualcosa di appropriatamente professionale.

. . .

Riesci già a immaginare come andrà a finire la prima scelta, e ti vedrà urlare qualcosa del tipo:

Brenda, sono stufo di fare straordinari non pagati. Ho passato nove ore ieri sera a sistemare il foglio di calcolo di Don mentre voi tutti stringevate legami tra vino e trust fall! Ora è appena mattina, e mi tieni bloccato in una sala conferenze umida e mal ventilata, a riflettere sulla mia anima?! La mia anima è stanca. La mia anima vuole essere lasciata in pace, non scarabocchiare su un diario come se fossi uno stagista non pagato!

Ma, invece di alzare la voce di fronte a tutta la squadra (e mettere tutti in imbarazzo), fai un respiro profondo e dici:

«Sa, Brenda, mi piacerebbe molto fare il punto su come stabilire un certo equilibrio tra lavoro e vita privata. Penso che ci aiuterebbe davvero a presentarci più carichi e produttivi.»

. . .

Sembra però che il messaggio le passi sopra la testa, perché un attimo dopo, dice:

«Esatto! È per questo che a pranzo faremo yoga della gratitudine! Niente esprime l'equilibrio tra lavoro e vita privata come un cane a testa in giù a trentadue gradi indossando gadget aziendali!»

Annuisci lentamente, prendendo nota mentalmente di mettere in nota spese l'intero viaggio sotto la voce "indennità di rischio emotivo" e di aggiornare finalmente il tuo curriculum.

43

DOBBIAMO MOSTRARE UN SENSO DI URGENZA NEL NOSTRO LAVORO

Cosa vorresti dire davvero:

Smuovi quel culo pigro.

L'alternativa approvata dalle Risorse Umane:

Dobbiamo mostrare un senso di urgenza nel nostro lavoro.

Scenario:

Sei immerso fino al collo nel lavoro per una scadenza di gruppo che si sta avvicinando come un disastro ferroviario al rallentatore.

. . .

La chat di gruppo è in fermento da tutto il giorno: le slide da finalizzare, i dati da ricontrollare, tutti che verificano per la terza volta le formule di Excel perché il disastro del trimestre scorso è ancora una ferita aperta.

Sono tutti stressati. Sono tutti concentrati.

Tutti, tranne Craig.

Craig, sulla quarantina, possessore di un modesto assortimento di gilet di pile, si è in qualche modo costruito la reputazione di uno che "pensa in grande" senza fare assolutamente nulla.

Sono tre ore che se ne sta seduto in un angolo dell'open space, a guardare con noncuranza tutorial di LinkedIn a tutto volume, elargendo consigli non richiesti come:

Forse dovremmo iniziare la presentazione con una citazione sulla leadership? (Non te l'ha chiesto nessuno, Craig.)

. . .

A questo punto hai scritto il 90% della presentazione, coordinato i contributi del team dati, corretto le slide di tutti e ridimensionato manualmente tre loghi perché Craig non riusciva a capire come smettere di deformarli completamente.

E cosa sta facendo Craig adesso?

Mangiando uno yogurt. Rumorosamente. Con gli AirPod nelle orecchie mentre guarda un TED Talk sulla "produttività".

Vorresti solo marciare verso di lui, strappargli gli AirPod e dirgli:

Craig. Smuovi quel culo pigro. Se devo mandare avanti la baracca da solo un'altra volta, mi faccio mettere il nome sull'edificio dell'azienda.

Ma non lo fai.

. . .

Giri sulla sedia, ti scrocchi le nocche e tiri fuori il middle manager che è in te, poi dici:

«Ehi Craig, in questo momento dobbiamo davvero mostrare un senso di urgenza nel nostro lavoro. Potrebbe per favore occuparsi di assemblare le slide riassuntive finali?»

Craig sbatte le palpebre. Lentamente.

Poi annuisce come se gli avessi appena passato la torcia olimpica.

«Sì, sì. Posso occuparmene io. Mi dia solo qualche minuto per, ehm... tornarci su.»

Apre PowerPoint. Lo fissa come se non avesse mai visto una slide in vita sua.

Poi, naturalmente, chiede: «Quindi... tipo, qual è il contenuto finale che includiamo?»

. . .

Lo fissi, morto dentro.

«Lo stesso contenuto che è nella presentazione da un'ora, Craig.»

Lo stagista nell'angolo ti scrive un messaggio in privato:

«Se chiede di nuovo del contenuto, giuro che ribalto una lavagna.»

44

DIAMO LA PRIORITÀ AGLI OBIETTIVI PIÙ FACILI DA RAGGIUNGERE

osa vorresti dire in realtà:

È quasi fine settimana. È ora di tirare i remi in barca.

L'alternativa approvata dalle Risorse Umane:

Diamo la priorità agli obiettivi più facili da raggiungere.

Scenario:

L'orologio segna un orario pericolosamente vicino alle 16:00 di venerdì e il fine settimana ti sta chiamando a gran voce. Dall'altra parte della stanza, Maya del Project Management sta facendo quella cosa che fa sempre: si alza di scatto come se stesse per annunciare la cura per il cancro, ma si tratta sempre e solo di un altro «veloce allineamento». Stavolta, sta agitando un pennarello per lavagna bianca come se fosse la bacchetta di un direttore d'orchestra.

«Team!» esordisce. «Dobbiamo fare uno sprint per portare a termine queste ultime cose da fare prima della fine della giornata!»

Dai un'occhiata alla tua lista di cose da fare, che al momento recita:

- Fingere di aggiornare il CRM.
- Cancellare le vecchie e-mail (autoconservazione).
- Esercitarsi con la faccia da «sto assolutamente lavorando» per quando passa il capo.

Ti verrebbe da dire:

«Maya, è quasi fine settimana. È ora di tirare i remi in barca come un carrello della spesa con una ruota traballante. Nessuno qui farà uno sprint, se non verso il bar.»

Ma siccome la vita aziendale ti ha addestrato a non dire quello che pensi troppo apertamente, ti limiti ad annuire con aria pensierosa e a dire:

«Hai proprio ragione, Maya. Diamo la priorità agli obiettivi più facili da raggiungere, per iniziare.»

Il significato nascosto? *Condurrò una «ricerca sui benchmark di settore» (guardando video di gattini) fino alle 16:30, momento in cui diventerò un tutt'uno con la porta d'uscita.*

Maya, eterna ottimista, batte le mani.

«Ottima osservazione! Attacchiamo le vittorie facili!»

Indica la lavagna, dove ha scritto «*LA NOSTRA STRATEGIA DI PENETRAZIONE*» a caratteri cubitali, seguito da tre punti elenco che dicono tutti «*SINERGIA*» con colori leggermente diversi.

Tu sorridi, apri un foglio di calcolo intitolato «*METRICHE URGENTI*» e lo riduci subito a icona per controllare di nuovo l'orologio. Tre minuti più vicino alla libertà.

Maya, ignara, sta ora disegnando un diagramma con decisamente troppe frecce. Tu annuisci, calcolando mentalmente quanti snack puoi infilare nella borsa per la fuga. Il fine settimana è così vicino che ti sembra di sentirne il sapore e, a differenza delle «cose da fare» di Maya, sarà delizioso.

45

APPREZZEREI DAVVERO MOLTO SE MI DESTE UN PO' PIÙ DI PREAVVISO PER INCARICHI COME QUESTO, COSÌ DA POTERMI CONCENTRARE NEL FORNIRE UN LAVORO DI QUALITÀ

osa vorresti dire davvero:

Smettila di mollarmi tutta 'sta m*rda all'ultimo minuto.

L'alternativa approvata dalle Risorse Umane:

Apprezzerei davvero molto se mi deste un po' più di preavviso per incarichi come questo, così da potermi concentrare nel fornire un lavoro di qualità.

Scenario:

Sei nel bel mezzo del tuo rito quotidiano del "faccio finta di essere impegnato ma in realtà sto organizzando la cena" quando Tiffany delle Relazioni con i Clienti si materializza alla tua scrivania con quel suo particolare tipo di euforia maniacale che precede sempre un disastro. Il suo sorriso è smagliante, il suo energy drink è mezzo vuoto e la sua borsa di tela recita «Non sono autoritaria, ho solo idee migliori» con un carattere corsivo decisamente aggressivo.

«Ehi, fuoriclasse!» cinguetta, lasciando cadere un documento di 47 pagine sulla tua tastiera. «Il cliente Anderson ha bisogno di una piccola rinfrescata prima della chiamata delle 15:30 di oggi. Solo una leggera revisione, qualche ritocco alla formattazione e magari una revisione completa delle proiezioni finanziarie? Sei il migliore!»

Fissi il documento. La "piccola rinfrescata" include:

- riscrivere sei mesi di appunti sui clienti che, a quanto pare, Tiffany ha preso in geroglifico.
- ricostruire da capo un intero modello di prezzi perché qualcuno (Tiffany) ha usato la formula del "paghi uno, prendi due" presa dal suo couponing del fine settimana.
- un post-it che dice «Rendilo più accattivante!» senza ulteriori istruzioni.

. . .

Pensi di dire:

«Tiffany, smettila di mollarmi tutta 'sta m*rda all'ultimo minuto. Questo non è un "piccolo favore", è un sequestro di persona. L'unica cosa che diventerà "accattivante" è la mia sanità mentale che salta in aria.»

Ma non lo fai. Invece, con la tranquillità di un'istruttrice di yoga sotto Xanax, dici:

«Tiffany, apprezzerei davvero molto se mi deste un po' più di preavviso per incarichi come questo, così da potermi concentrare nel fornire un lavoro di qualità. Invece di... qualunque cosa sia questa.»

Tiffany sbatte le palpebre come se l'avessi appena insultata.

«Ma è solo una lucidata! Roba da 20 minuti al massimo!» Lo dice con la sicurezza di chi non ha mai aperto un foglio di calcolo in vita sua.

46

SEMBRA CHE CI SIA UN PROBLEMA CON L'APPROCCIO ATTUALE

Cosa vorresti davvero dire:

Sei tu il fottuto problema.

Alternativa approvata dalle Risorse Umane:

Sembra che ci sia un problema con l'approccio attuale.

Scenario:

È martedì mattina. Sei alla tua quarta videochiamata su Zoom della giornata e non sono neanche le undici.

. . .

Eppure, in qualche modo, la tua pressione sanguigna ha raggiunto lo stesso livello di quando tua madre ti dice: «Ho visto una cosa su Facebook...»

Al centro del caos? Vanessa dell'Ufficio Operativo.

Vanessa, quella che parla esclusivamente usando parole d'effetto e fumose come «ottimizzare», «valore aggiunto» e «efficienza sinergica», senza mai dire nulla di concreto.

Vanessa, quella che una volta ha «accidentalmente» cancellato la cartella condivisa del team, per poi mandare una GIF di un cucciolo con gli occhiali da sole e la didascalia «Restate ZAMpastici!».

Vanessa, quella che insiste a definirsi una che «pensa in grande», che in realtà significa che evita il lavoro vero e proprio trasformandolo in poesia astratta.

La riunione di oggi? Un'analisi post-mortem della presentazione a un cliente che è andata talmente a picco da lasciare un cratere nella reputazione dell'azienda.

Tutti sanno perché è stato un fallimento: Vanessa.

Si è impossessata della presentazione con la sua «svolta visionaria», non ha inviato le slide definitive fino a quattro minuti prima della riunione, letteralmente mentre la gente stava cliccando su «Partecipa», e poi si è messa a parlare sopra il Direttore Finanziario del cliente come se stesse tenendo un discorso che nessuno le aveva chiesto.

E adesso? Vanessa, con la faccia più seria del mondo, se ne esce con:

«Credo sia necessario rivalutare l'impegno del team verso la strategia. L'esecuzione non ha rispecchiato i nostri obiettivi principali.»

Fissi lo schermo incredulo, chiedendoti se sia questa la sensazione di un viaggio astrale fuori dal corpo o se tu stia solo avendo le allucinazioni. Vanessa sta serenamente scaricando la colpa su letteralmente chiunque altro, compreso lo stagista, che non era nemmeno coinvolto nel progetto.

Vorresti davvero riattivare il microfono e cantargliene quattro con poche parole:

«Vanessa. Un attimo! Sei *tu* il fottuto problema. Questo progetto non è fallito per via dell'«esecuzione», è fallito perché la tua «strategia» era costruita interamente sul gergo di LinkedIn e su un delirio di onnipotenza.»

Ma non puoi dirlo, vero? Ti licenzierebbero prima ancora di poter comprare a tua figlia quel cucciolo di peluche che aspetta da un mese. Così, ti limiti a riattivare il microfono e a dire:

«Vanessa, sembra che ci sia un problema con l'approccio attuale. Forse potremmo riesaminare alcune delle ipotesi di partenza?»

Vanessa annuisce pensierosa e risponde: «Esatto! Mi sentivo come se fossi l'unica allineata con la visione.»

. . .

Disattivi il microfono per trattenerti dal dire altro. Forse spegni anche la telecamera per qualche secondo, così da poter urlare con nonchalance e in silenzio dentro un cuscino.

La riunione finalmente termina e mandi subito un messaggio privato al tuo collega nonché compagno di bevute, James del Marketing:

«Nuovo gioco alcolico: uno shot ogni volta che Vanessa usa la parola "allineamento" per schivare le sue responsabilità.»

Lui risponde con una sola parola:

«Ospedale.»

47

MI PIACE CHE LE COSE SIANO FATTE IN UN CERTO MODO

Cosa vorresti davvero dire:

So fare il mio c***o di lavoro.

Alternativa approvata dalle Risorse Umane:

Mi piace che le cose siano fatte in un certo modo.

Scenario:

Hai appena concluso un'intensa call di un'ora con il team riguardo all'ennesima richiesta "urgente" di un cliente.

. . .

Sei stanco, ma per la prima volta in tutta la giornata le cose sembrano sotto controllo. Compiti? Delegati. Team? Allineato. Posta in arrivo? Beatamente tranquilla.

E poi fa il suo ingresso Gary, della Finanza.

Gary, il presidente non ufficiale della "Opinioni non Richieste S.p.A.".

È il tipo che confermerebbe la sua presenza a una cena dove ognuno porta qualcosa, si presenterebbe con un solo sacchetto di patatine, e si metterebbe comunque a fare la predica a tutti su come impiattare le loro lasagne.

In qualche modo, Gary è riuscito a raccogliere abbastanza informazioni sul tuo lavoro da essere tanto pericoloso quanto irritante.

Il suo capolavoro di oggi?

. . .

Se ne sta lì, mani sui fianchi, con la presuntuosa sicurezza di chi non ha mai gestito una scadenza in vita sua.

«Ehi, stavo pensando al budget per la nuova campagna. Ha considerato di rivedere la tempistica per evitare la ressa di fine mese? Mi chiedevo solo se ci avesse pensato dal punto di vista finanziario.»

Senti la pressione sanguigna schizzare alle stelle. Gary, ovviamente, pensa che un "suggerimento" sia in realtà un'imposizione in dodici passaggi che include fogli di calcolo, tabelle pivot e forse una danza interpretativa dell'inefficienza.

Sei tentato di sbottare:

«Gary. So fare il mio c***o di lavoro. Non ha bisogno di 'consigliarmi' sul mio ruolo. Non è Lei a dover conciliare scadenze e budget, sono io. Lei continui a occuparsi dei fogli di calcolo, a questo ci penso io.»

Perché, onestamente, è così.

. . .

L'hai fatto mille volte, e se ti avessero dato dieci centesimi per ogni volta che Gary ha pensato di poter "migliorare" qualcosa, a quest'ora vivresti in una casa sulla spiaggia.

Ma non sbotti. No. Fai un respiro profondo e dici:

«Gary, apprezzo il Suo contributo. Tuttavia, mi piace che le cose siano fatte in un certo modo e abbiamo già avviato un piano. Confido che la tempistica funzionerà così com'è.»

Gary, che chiaramente non coglie la sottile allusione, ti lancia un'occhiata che urla: «Sono più intelligente di te».

Scarabocchia qualcosa sul suo taccuino e dice: «Ok, controllavo soltanto! Terrò d'occhio i numeri, nel caso in cui avesse bisogno di supporto.»

Supporto? Da Gary? Certo.

. . .

Annuisci educatamente, mantenendo il sorriso sul volto mentre la tua anima urla internamente.

Mentre Gary si allontana, cerchi di reprimere l'impulso di mandargli un'email con oggetto: *Re: Smetta di fare micromanagement al mio dipartimento.*

Apri immediatamente il calendario e fissi una riunione di "aggiornamento" con il tuo capo. Il titolo della riunione? *Come sopravvivere ai Miglioramenti di Processo di Gary senza cambiare carriera (o universo).*

Perché se Gary continuerà a "migliorare" i processi, avrai bisogno di un terapista o di un esorcista di fogli di calcolo.

48

PARLIAMONE OFFLINE

Cosa vorresti davvero dire:

Non me ne frega assolutamente niente.

Alternativa approvata dalle Risorse Umane:

Parliamone offline.

Scenario:

È metà pomeriggio di un mercoledì. Produttività? Inesistente. Il telefono vibra per le notifiche del calendario, promemoria di riunioni che non ricordi di aver fissato. La tua casella di posta? I suoni delle notifiche sono così insistenti che sembra una piccola sveglia, che ti ricorda come la tua sanità mentale stia svanendo, un'email con oggetto «Domanda veloce» alla volta.

Apri l'ultima email incriminata, oggetto: *Domanda veloce sui report TPS*.

È di Mike del marketing. Mike, che in qualche modo è riuscito a padroneggiare l'arte di «dare un'occhiata» a cose che in realtà non ne hanno alcun bisogno. Mike, il cui titolo non ufficiale potrebbe benissimo essere «Specialista in Intasamento Posta in Arrivo».

Clicchi sull'email. È una riga sola che, in circostanze normali, si sarebbe potuta risolvere con una conversazione di trenta secondi. Invece, Mike ha pensato bene di mettere in copia l'intero team:

«Ciao, volevo solo una conferma: il carattere per i report TPS è il Calibri, giusto? E poi, il riepilogo trimestrale sulle prestazioni dovremmo inserirlo nella sezione 3 o nella 4?»

. . .

Fissi lo schermo, senza sbattere le palpebre, mentre il tuo ultimo briciolo di pazienza fa le valigie e prenota un biglietto di sola andata per una meta lontana. La vastità di questa domanda è schiacciante, data la sua totale insignificanza. Alla domanda di Mike si potrebbe rispondere semplicemente guardando il documento. Eppure eccolo lì, a trascinare l'intero team in un dibattito futile che non meriterebbe neanche un secondo di riflessione.

Il tuo primo pensiero? Rispondere:

«Mike, di questo dibattito sul carattere non me ne frega assolutamente niente. Scegline uno, lancia una moneta, lascia che decida il tuo gatto, non mi interessa sul serio. Smettila di far perdere tempo a tutti. Ah, e per favore, smetti di intasarmi la casella di posta prima che inizi a rispondere alle tue email con dei meme.»

Ma dirlo aprirebbe senza dubbio le porte a un'alluvione di altre email inutili da parte di Mike. Quindi, ripieghi sulla risposta professionale:

. . .

«Ciao Mike, parliamone offline. Fammi sapere se ti serve una mano per finalizzare.»

Premi «Invia» e riprendi subito a lavorare sul serio.

La parte peggiore? Sai che non sarà l'ultima volta che sentirai Mike oggi. Probabilmente sta già scrivendo un'email sulla «sinergia» che ti arriverà in posta cinque minuti dopo questa.

49

NON VEDO UNA BUONA COMPATIBILITÀ QUI

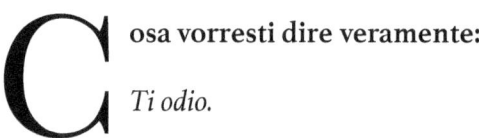osa vorresti dire veramente:

Ti odio.

L'alternativa approvata dalle Risorse Umane:

Non vedo una buona compatibilità qui.

Scenario:

È giovedì mattina e stai per presentare il progetto su cui hai sgobbato in silenzio nelle ultime sei settimane. Hai costruito la struttura, scritto il brief, coordinato le tempistiche e persino creato una cartella condivisa con sottocartelle etichettate (che nella gestione dei progetti è praticamente un linguaggio d'amore).

È tutto pronto.

E poi, proprio mentre stai aprendo le slide durante la riunione del team, Taylor entra con noncuranza con un caffè grande quanto un bambino e dice:

«Ah, sì, questa è quella cosa a cui stavo dando una mano, vero?»

Sbatti le palpebre. *Dando una mano?*

Taylor non ha nemmeno degnato di uno sguardo questo progetto. Anzi, l'ultima volta che ha toccato qualcosa che lo riguardasse, ha rinominato un documento «*Final_V2_use_this_for_real_FINAL2*» e ha cancellato per sbaglio un foglio di calcolo fondamentale.

Serri la mascella e vai avanti. Ma le cose peggiorano.

. . .

Dopo la presentazione, una di quelle che va a segno, perché hai spaccato, Taylor invia un'email di follow-up ai vertici con un numero sospetto di «noi» e chiude con:

Non vedo l'ora di continuare a portare avanti questo progetto insieme!

Fissi lo schermo incredulo. La tua anima si stacca brevemente dal tuo corpo. E proprio quando pensi che sia finita, Taylor si avvicina alla tua scrivania e dice, con un sorrisetto che meriterebbe un'ordinanza restrittiva:

«Ehi, ho sentito che ci sono dei fondi per la prossima fase del progetto. Ho pensato di buttarmi e co-dirigerlo con te!»

Quello che vorresti dire è:

«Taylor, ti odio. Non hai contribuito in alcun modo, ti sei appropriata del merito come una specie di zanzara aziendale e ora vuoi cavalcare questo progetto come un cavallino da esposizione fino al bonus di rendimento? Assolutamente no.»

Invece, inspiri profondamente dal naso come un terapeuta che cerca di non mollare a metà seduta e dici:

«Non vedo una buona compatibilità qui... a livello di ruoli. Credo che siamo già coperti, ma ti coinvolgerò sicuramente se avremo bisogno di ulteriore supporto.»

Taylor fa spallucce, per nulla turbata, e dice:

«Perfetto, perfetto. Fammi sapere! Sono bravissima a far partire le cose.»

Annuisci, sforzandoti di abbozzare un sorriso tirato, mentre lei si allontana.

50

TI PINGO I DETTAGLI PIÙ TARDI

Cosa vorresti dire veramente:

Levati di torno. Ho bisogno di un momento per me.

L'alternativa approvata dalle Risorse Umane:

Ti pingo i dettagli più tardi.

Scenario:

È domenica mattina e sei finalmente riuscita a sfuggire alle email di lavoro, alle notifiche di Slack e a Dave delle Vendite che ti manda 'promemoria amichevoli' sulle previsioni del terzo trimestre, iscrivendoti a un ritiro yoga per il weekend. Ti avevano promesso pace, cura di te stessa e forse la possibilità di piangere dentro un frullato di barbabietola da 14 dollari senza essere giudicata.

Sei appollaiata su un blocchetto da yoga di gommapiuma in una stanza profumata all'eucalipto, fingendo che il tuo corpo sia un tutt'uno con la terra, anche se il tuo muscolo ischiocrurale sinistro sembra meditare vendetta. Lentamente, inizi a rilassarti. Occhi chiusi, respiro regolare, il tuo cervello non pensa alla casella di posta per la prima volta da 74 ore.

E poi, irrompe Lacey.

Lacey è la tua collega eccessivamente esuberante del 'client success' che in qualche modo ha scoperto di questo ritiro e ha deciso che fosse l'occasione perfetta per fare 'team bonding'. Ha già fatto tre verticali e ora sta strisciando sui tappetini da yoga come una lucertola sotto caffeina.

«OMG, ehi bella!!!» sussurra-urla, praticamente facendo una capriola per entrare nella tua sacra bolla di zen. «Allora, stavo pensando... visto che siamo entrambe qui e abbiamo, tipo, TUTTO IL GIORNO... ti va di dare un'occhiata a quella presentazione insieme, dopo? Potremmo fare brainstorming su qualche nuova 'value proposition' mentre ci depuriamo nella vasca idromassaggio!»

Sbatti le palpebre. Lentamente. La tua pace interiore evapora come il vapore da un succo di barbabietola troppo costoso. Non sei un tutt'uno con l'universo: sei a un passo dal lanciare il gong da meditazione giù dal patio.

Lacey, ancora sospesa troppo vicino alla tua faccia, aggiunge: «Oh! E avevo qualche idea sulle tue slide della settimana scorsa. Tipo, piccole modifiche. Potremmo sistemarle tra una sessione di yoga e l'altra!»

Stai per dire:

«Levati di torno, Lacey! Ho bisogno di un momento per me. Sono venuta per riallineare la spina dorsale, non per irrigidirla con il lavoro!»

. . .

Ma ti ricordi che Lacey è 'quel tipo di persona'. Quella a cui non dispiace denunciare un'aggressione verbale alle Risorse Umane anche se avvenuta fuori dall'ufficio. Quindi, inspiri come se stessi entrando nel momento e dici:

«Assolutamente! Ti pingo i dettagli più tardi. Per ora restiamo concentrate sul presente, ok?»

La sua risposta?

«Certo, queen! Hai così ragione. Dobbiamo restare nel presente! Ugh, sono così negata in questo. Tu sei, tipo, così con i piedi per terra. Mi appunto le idee sul telefono al volo così non me le dimentico...»

Tira fuori il telefono e inizia a digitare furiosamente a metà meditazione. Richiudi gli occhi, non per essere consapevole, ma per immaginare brevemente come sarebbe lanciare quel telefono nel laghetto delle carpe koi più vicino.

51

CONCENTRIAMOCI SU SOLUZIONI CONCRETE

Cosa vorresti dire veramente:

Un'altra genialata del nostro Einstein.

L'alternativa approvata dalle Risorse Umane:

Concentriamoci su soluzioni concrete.

Scenario:

Sono le 10:04 del mattino e sei a quattro minuti dall'inizio di quello che doveva essere un rapido stand-up di 15 minuti. Stai già rimpiangendo di non aver finto di avere un appuntamento dal dentista.

. . .

Entra con nonchalance Blake del reparto Sviluppo Prodotti. Blake, quello che una volta ha provato a «gamificare» il sistema di richiesta dei permessi retribuiti trasformandolo in una classifica. Oggi è tornato con una nuova idea «brillante»: un'iniziativa aziendale in cui i clienti «guadagnano sconti» risolvendo indovinelli quotidiani.

Blake, con gli occhi che brillano per l'entusiasmo e in mano un frullato proteico bevuto a metà, esordisce: «E se facessimo tutte le nostre e-mail di onboarding in rima? Tipo, trasformarle in una caccia al tesoro! La gente adora gli enigmi».

Senti qualcuno ansimare. È Marcus, lo stagista. Probabilmente si è appena reso conto che Blake, in effetti, non sta scherzando.

Poi, Blake si volta verso la lavagna. In un impeto di energia sfrenata, inizia a tracciare un diagramma di flusso che assomiglia terribilmente a una mappa dei pirati. Ci sono linee tratteggiate, percorsi tortuosi e una «X» gigante con la scritta «Fidelizzazione Cliente». Spiega che ogni indovinello risolto porterebbe i clienti un passo più vicino a sconti esclusivi, «come una caccia al tesoro digitale per l'engagement». All'improvviso capisci che non è solo una proposta: è il nuovo capitolo della sua crociata per gamificare l'intera esperienza aziendale.

Stai pensando (e forse te lo stai anche dicendo mentalmente): *Oh, cielo. Un'altra genialata del nostro Einstein. E poi che si fa, l'onboarding con i segnali di fumo?*

Ma ad alta voce? Scuoti appena la testa e dici:

«Concentriamoci su soluzioni concrete».

Blake annuisce lentamente, poi aggiunge: «Ok, ma se trovassimo un compromesso con una serie di limerick?».

Bevi dalla tua borraccia con una foga tale da poter essere considerata una lamentela.

52

LO PROPORRÒ AI PIANI ALTI

osa vorresti dire veramente:

Di questo progetto non frega niente a nessuno, ma farò finta di occuparmene.

L'alternativa approvata dalle Risorse Umane:

Lo proporrò ai piani alti.

Scenario:

È mercoledì, metà giornata. Sei alla tua scrivania, con lo sguardo perso nello schermo, nel tentativo di racimolare la forza di volontà necessaria a fingere di essere indaffarato.

. . .

È in quel momento che Samantha, l'autoproclamata "Sciamana dell'Innovazione", si materializza in una nuvola di oli essenziali e di entusiasmo mal riposto.

Stringe tra le mani un raccoglitore ad anelli con l'etichetta "Disruptive File Taxonomy" come se fosse la stramaledetta Stele di Rosetta, e i suoi occhi hanno quello scintillio maniacale tipico di chi ha appena scoperto il potere dei post-it.

«Senti qua» dice, sbattendo sulla tua scrivania una ruota dei colori plastificata intitolata: *File Naming Feng Shui*. «E se rinominassimo tutte le nostre cartelle condivise per infondere gioia? Invece di "Budget Annuale", potremmo avere... "Carnevale delle Monete"! E "Contratti Clienti" diventerebbe "La Tana degli Affari"!» Fa una pausa, aspettandosi di lasciarti a bocca aperta.

Ti stai annoiando a morte e pensi: *Samantha, di questo progetto non frega niente a nessuno. Non agli stagisti, non a quelli delle pulizie, e nemmeno al ragno dell'ufficio che vive dietro il ficus vicino alla reception. Preferirei leccare una cartuccia della stampante piuttosto che passare un solo secondo a "ludicizzare" i percorsi dei file. Ma farò finta di occuparmene per poter tornare a scrollare notizie deprimenti in pace.*

Tuttavia, non condividi i tuoi pensieri. Nossignore. Invece, annuisci come se avessi capito perfettamente, anche se il tuo cervello ha appena lasciato l'edificio, e dici:

«Wow, Samantha! È un'idea... audace. La proporrò ai piani alti per sentire cosa ne pensa la direzione!»

Samantha batte le mani e se ne va tutta contenta. Aspetti che sia fuori dalla tua vista, poi contatti subito l'IT su Slack:

«Potete disabilitarmi l'accesso alle unità condivise? Per... motivi di sicurezza.»

53

CERCHIAMO DI ESSERE SULLA STESSA LUNGHEZZA D'ONDA

Quello che vorresti dire davvero:

Ma stiamo parlando la stessa f***uta lingua?

L'alternativa approvata dalle Risorse Umane:

Cerchiamo di essere sulla stessa lunghezza d'onda.

Scenario:

Sei intrappolato in una chiamata su Zoom che in qualche modo unisce l'entusiasmo di guardare la vernice che si asciuga alla stimolazione intellettuale che si prova leggendo il manuale di un microonde.

. . .

Sullo schermo, Pete del reparto "Strategic Synergy Enablement" (un reparto che non dovrebbe assolutamente esistere) è nel bel mezzo della presentazione di un diagramma di flusso, e usa parole che suonano altisonanti ma non significano assolutamente nulla.

«Se riusciamo a sfruttare le sinergie del nostro ecosistema di ideazione per accelerare i deliverable, saremo in grado di coinvolgere gli stakeholder verticali e ottenere davvero dei risultati blue-sky.»

Stai annuendo da così tanto tempo che il tuo collo ha ufficialmente gettato la spugna. La videocamera è spenta, il microfono è disattivato e al momento stai cercando su Google «come simulare un'interruzione del Wi-Fi senza farsi scoprire».

Pete fa una pausa per creare un effetto drammatico. «Quindi, se poteste semplicemente trasformare gli actionable in un vision deck proattivo usando i principi dell'agile mindfulness, sarebbe fantastico... vi suona bene?»

. . .

Lo fissi con sguardo assente. *Ma questo è italiano? Qualcuno sta prendendo appunti? È uno scherzo?*

Sei molto tentato di dire: *Pete, ma stiamo parlando la stessa f***uta lingua? Ho letto bigliettini dei biscotti della fortuna con più sostanza di questa riunione.*

Ma quello che dici davvero, con l'entusiasmo di un ostaggio che legge una richiesta di riscatto, è:

«Aspetta un attimo, Pete. Cerchiamo di essere sulla stessa lunghezza d'onda. Forse potremmo semplificare l'approccio?»

Pete annuisce e dice:

«Perfetto! Preparerò una road map pilota in beta e vi aggiornerò con un framework di thought leadership dirompente!»

Mentre la riunione finisce, ti ritrovi a pensare: *Ma "framework di thought leadership" è solo un modo in codice per dire "me lo sono inventato sotto la doccia"?*

54

POSSO AVERE QUALCHE CHIARIMENTO SULL'AMBITO DEL PROGETTO, VISTO CHE APPORTEREMO DELLE MODIFICHE?

Cosa vorresti dire in realtà:

Smettila di cambiare idea ogni stramaledetto minuto.

L'alternativa approvata dalle Risorse Umane:

Posso avere qualche chiarimento sull'ambito del progetto, visto che apporteremo delle modifiche?

Scenario:

È lunedì mattina e hai già aggiornato la presentazione per il cliente tre volte, prima ancora che il portatile finisse la sincronizzazione. Seduta di fronte a te in sala riunioni c'è Eliza, la vicepresidente dell'"Allineamento Creativo", che ha cambiato la direzione di questo progetto così tante volte che ormai potrebbe essere classificato come un fenomeno meteorologico.

Venerdì, la voleva audace e d'impatto. Domenica (sì, ti ha mandato un'email di domenica), era tutta una questione di "minimalismo e lusso discreto". Ora, in questa riunione delle 9 del mattino, sta mostrando una moodboard piena di foto di nuvole e sussurra: «Sento qualcosa di più... *elementare*. Tipo, meno struttura, più sensazione».

Hai rifatto questa presentazione così tante volte che stai iniziando a dimenticare quale fosse il suo scopo originario. Eppure Eliza, con un frullato in una mano e un'inesauribile energia creativa nell'altra, continua:

«Anzi, torniamo alla prima versione... ma uniamola con alcune parti della terza... e magari rendiamo il tutto verticale? E cambiamo la palette in 'dolce crepuscolo'... sai, quella sensazione tra un sospiro leggero e l'istante prima che si formi un pensiero?».

. . .

Ti viene l'impulso di dare una testata alla lavagna e dire:

«Smettila di cambiare idea ogni stramaledetto minuto. La mia cronologia di Google Slides sta iniziando a sembrare la scena di un crimine!».

Ma invece, inspiri, emetti il sospiro più profondo che tu abbia mai emesso e rispondi:

«Posso avere qualche chiarimento sull'ambito del progetto, visto che apporteremo delle modifiche?».

Eliza annuisce con entusiasmo, completamente ignara del fatto che la tua frase educata sia in realtà solo la versione adulta di un urlo soffocato in un cuscino.

55

COME INIZIO NON È MALE, MA CREDO CHE ABBIA BISOGNO DI QUALCHE RITOCCO. RIVEDIAMOLO INSIEME

uello che vorresti veramente dire:

Ma che cazzo è 'sta stronzata?

Alternativa approvata dalle RU:

Come inizio non è male, ma credo che abbia bisogno di qualche ritocco. Rivediamolo insieme.

Scenario:

Sono le 16:57 di un giovedì e ti mancano solo tre minuti per poterti mettere a scorrere senza sensi di colpa gli annunci delle case vacanza.

. . .

Tuttavia, ricevi una notifica su Slack da Callum, l'analista junior che una volta ha detto con orgoglio che Excel era «una specie di Canva, no?».

Contro ogni buon senso, apri il file che ti ha mandato: un report che più che un riepilogo trimestrale delle performance sembra un progetto di gruppo del liceo, messo insieme alla bell'e meglio la sera prima della consegna.

Agli istogrammi mancano le etichette. Il grafico a torta ha in qualche modo otto fette per quattro categorie.

E invece di cifre appropriate, accanto ai ricavi ha scritto «un sacco» e sotto le spese «non benissimo». C'è persino l'emoji di un razzo accanto alle proiezioni del terzo trimestre.

Ti massaggi le tempie, rileggendo la slide intitolata *Successi trimestrali*. Non c'è nessun successo. Il documento è un disastro tale che dovrebbe essere corredato da un triangolo di pericolo giallo brillante e da una sirena come effetto sonoro.

. . .

Sei paralizzato, e non dallo stupore. Il tuo primo istinto è dire:

«Ma che cazzo è 'sta stronzata?»

Ma ti ricordi di essere un professionista, perciò incanali fino all'ultima goccia di pazienza professionale che hai in corpo e commenti:

«Come inizio non è male, ma credo che abbia bisogno di qualche ritocco. Rivediamolo insieme.»

Callum, chiaramente orgoglioso del suo capolavoro visivo, risponde:

«Oh, fantastico! Non ero sicuro che il razzo fosse un po' troppo.»

Sorridi a denti stretti e mormori: «Oh no, Callum. Il razzo è perfetto. Lanciamoci... diretti alla revisione.»

56

FACCIO FATICA A CAPIRE LA SUA LOGICA. PUÒ SPIEGARMI IL RAGIONAMENTO CHE C'È DIETRO?

uello che vorresti dire davvero:

Ma è fuori di testa? Questa è una pazzia.

L'alternativa approvata dalle Risorse Umane:

Faccio fatica a capire la sua logica. Può spiegarmi il ragionamento che c'è dietro?

Scenario:

È lunedì mattina, e stai ancora cercando di scrollarti di dosso la nebbia del fine settimana, quando Liam del marketing piomba nella riunione del team con quel tipo di energia che solo chi assume microdosi di caos può avere.

Con un sorrisone stampato in faccia, sbatte una mood board plastificata sul tavolo come se avesse scoperto l'acqua calda.

«Nuova idea per la campagna» annuncia con orgoglio. «Rinnoviamo l'immagine della nostra app di pianificazione finanziaria... trasformandola in un guru dello stile di vita. Tipo, un budgeting emotivamente intelligente. Diamo un nome all'app, tipo Tom. Tom ti aiuta a 'sentire' le tue finanze.»

Sbatti le palpebre. Forte. Non sai cosa sia peggio: l'idea in sé o il fatto che la diapositiva del titolo mostri un personaggio dei cartoni animati con un blazer minuscolo che fa il pollice in su.

La tagline? Tom (l'app, si intende) dice: «Non comprarti quel cappuccino, numero uno. Investi in te stesso.»

. . .

Stai trattenendo a stento una risata e l'impulso di chiedere:

«Ma è fuori di testa? Questa è una pazzia.»

Invece, con la grazia di chi ha già combattuto nelle trincee dei brainstorming di squadra, dici:

«Faccio fatica a capire la sua logica. Può spiegarmi il ragionamento che c'è dietro?»

Liam si illumina come un albero di Natale. «Assolutamente! Dunque, la Generazione Z risponde alla gratificazione emotiva, giusto? Tom è quella gratificazione.»

Annuisci lentamente mentre butti giù mentalmente la tua lettera di dimissioni e ti chiedi se Tom possa darti supporto emotivo durante questa riunione.

57

AL MOMENTO HO GIÀ IL CARICO DI LAVORO MASSIMO CON I PROGETTI ATTUALI. VUOI CHE RIVEDA LE PRIORITÀ?

osa vorresti dire davvero:

Non ce la faccio più con questa c*zzo di m*erda. Sto affogando nel lavoro.

L'alternativa approvata dalle Risorse Umane:

Al momento ho già il carico di lavoro massimo con i progetti attuali. Vuoi che riveda le priorità?

Scenario:

Stai cercando di finire tre presentazioni, approvare due fatture e ricordare l'ultima volta che hai mangiato una verdura. Proprio mentre stai per chiudere il portatile e andare a piangere sotto la doccia, però, Jasmine dell'Ufficio Operativo ti si avvicina con in mano una cartellina con su scritto "URGENTE (ma che chissà come non era urgente fino ad ora)".

«Ehi! Una cosetta veloce», cinguetta, passandoti quello che sembra un fascicolo di 40 pagine di fogli di calcolo e caos. «Riesci a sbrigarmelo entro la fine della giornata? Non dovrebbe volerci più di qualche ora!»

La fissi come se ti avesse appena chiesto di ricostruire la Torre Eiffel usando le formule di Excel.

Sei sul punto di crollare e vorresti dire:

«Non ce la faccio più con questa c*zzo di m*erda. Sto affogando nel lavoro.»

Ma invece, con la risata vuota di chi si regge in piedi solo grazie alla caffeina e a un calendario di Outlook sfasato, dici:

. . .

«Al momento ho già il carico di lavoro massimo con i progetti attuali. Vuoi che riveda le priorità?»

Jasmine sbatte le palpebre.

«Oh! Non mi ero resa conto che fossi così impegnato!» dice, mentre indietreggia come se fossi un procione selvatico che ne ha avuto abbastanza.

Annuisci, sorridi e torni allo schermo, dove il cursore lampeggia con muto biasimo.

58

PARCHEGGIAMO L'ARGOMENTO PER IL MOMENTO

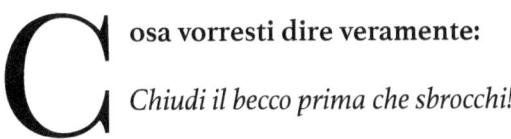

Cosa vorresti dire veramente:

Chiudi il becco prima che sbrocchi!

L'alternativa approvata dalle Risorse Umane:

Parcheggiamo l'argomento per il momento.

Scenario:

Sono le 9:00 del mattino. Sei in riunione su Teams e cerchi di rimanere positivo, ma Alice del marketing non chiude la bocca. È già da cinque minuti che fa un monologo su come il team abbia bisogno di una «strategia per i codici QR che attinga allo scopo più elevato del brand».

Nessuno gliel'ha chiesto. Nessuno capisce nemmeno cosa stia dicendo. È un minestrone di fuffa aziendale e, in qualche modo, si ritrova a citare articoli che ha letto a malapena e a interrompere chiunque apra bocca.

Provi a intervenire con qualcosa di utile, ma Alice procede come un rullo compressore, virando sui chakra e su un qualche articolo di *Mentalità Imprenditoriale Mensile* (che potrebbe anche non esistere).

Stai serrando la mascella così forte che i molari iniziano a ronzarti. Hai scadenze vere, problemi reali, e la voce di Alice non è altro che jazz aziendale nel tuo condotto uditivo.

Sei sul punto di sbottare:

«Chiudi il becco prima che sbrocchi, Alice!»

. . .

Invece, canalizzi ogni briciolo della tua pace interiore e dici:

«Parcheggiamo l'argomento per il momento.»

Il che, in realtà, significa solo: *Se dici "allineamento del brand" un'altra volta, esplodo su questa sedia girevole.*

Alice sorride orgogliosa, pensando di aver dato un contributo di reale valore. Silenzi il microfono e prendi seriamente in considerazione l'idea di cambiare carriera e diventare un pastore di capre professionista.

CAPISCO CHE CI SIANO STATE DELLE DIFFICOLTÀ, MA CONCENTRIAMOCI SU SOLUZIONI PRATICHE CHE FACCIANO LA DIFFERENZA

osa vorresti veramente dire:

Ne ho le scatole piene delle tue scuse del cazzo.

Alternativa approvata dalle Risorse Umane:

Capisco che ci siano state delle difficoltà, ma concentriamoci su soluzioni pratiche che facciano la differenza.

Scenario:

È giovedì e Kyle si presenta di nuovo alla riunione con lo stesso sguardo di un cervo abbagliato dai fari. Ha pronta la sua solita frase, puntuale come un orologio svizzero: «Sì, non sono riuscito a finire la presentazione perché il Wi-Fi dell'Airbnb a Tulum era pessimo.»

Resisti all'impulso di alzare gli occhi al cielo. È la terza settimana di fila che Kyle se ne esce con una scusa che sembra tirata fuori da un generatore automatico: «Non riuscivo più a entrare su Google Drive.» «Il mio cane ha rosicchiato il cavo del caricabatterie.» «C'è Mercurio retrogrado.»

Nel frattempo, tu e il resto del team state mandando avanti questo progetto con una fatica immane, come se fosse l'ultima prova di *American Ninja Warrior: Edizione Aziendale*. Sono tutti stanchi. Tutti ne hanno le scatole piene. Kyle, invece, è ancora in qualche modo a un "problema tecnico" dal vincere il premio di Impiegato del Mese per il minimo sforzo col massimo delle parole.

Saresti tentato di dire: «Ne ho abbastanza delle tue scuse del cazzo.»

Ma non lo fai. Quello che dici in realtà è:

. . .

«Capisco che ci siano state delle difficoltà, ma concentriamoci su soluzioni pratiche che facciano la differenza.»

Tradotto? *Non è stato il tuo portatile a mollare, ma la tua etica del lavoro. Vediamo di darci una mossa prima che io perda la voglia di vivere.*

Kyle annuisce solennemente, poi suggerisce subito di posticipare la scadenza.

Tu sorridi a denti stretti e aggiungi in silenzio "Wi-Fi di Tulum" alla lista sempre più lunga di motivi per cui avrai bisogno di andare in terapia.

60

D'ORA IN POI

Cosa vorrebbe dire in realtà:

Non mi provochi di nuovo.

L'alternativa approvata dalle Risorse Umane:

D'ora in poi.

Scenario:

È domenica pomeriggio. Lei è al supermercato, nel tentativo di sopravvivere al caos e magari accaparrarsi qualche snack in offerta. È finalmente in fila alla cassa quando Karen della Contabilità Clienti – sì, proprio *la*

Karen del lavoro – spunta dal nulla, stringendo in mano una pagnotta di pane senza glutine e delle pessime idee.

«Oh, ciao!» cinguetta lei. «Una domanda al volo: ha pensato di usare i modelli del cliente invece dei suoi? Ai suoi servirebbe, tipo... un po' di allineamento.»

Lei sbatte le palpebre. Non qui. Non ora. Ha difeso quei modelli per tutta la settimana e ora Karen, nel bel mezzo della spesa, vuole ritirare fuori l'argomento davanti ai piselli surgelati.

In realtà, vorrebbe solo dirle:

«Karen. Non mi provochi di nuovo. Le ho spiegato che i modelli vanno bene circa 500 volte questa settimana. Non sono qui per sentire commenti non richiesti o consigli di vita. Mi lasci comprare i miei snack in pace prima che perda le staffe nel reparto surgelati!»

Invece, opta per dire:

. . .

«D'ora in poi, assicuriamoci di essere chiari sul processo di feedback per i modelli. In questo modo, potremo evitare di ritornare ripetutamente sulle stesse decisioni.»

Segretamente spera che lei interpreti le sue parole come: *Karen, La supplico. Smetta di perseguitarmi con questa storia dei modelli. Impegnamoci tutti a lasciare in pace i miei modelli... e la mia sanità mentale.*

E lei cosa fa? Sorride come se Lei avesse appena accettato una riunione alle 7 del mattino e continua:

«Giusto! Totalmente d'accordo. Penso che i modelli possano davvero evolvere se collaboriamo più a stretto contatto!»

Lei fa un sorriso tirato, borbotta un «magnifico» di cortesia e passa freneticamente la carta di credito sul POS.

Ma, ovviamente, mentre afferra le buste e scatta verso

l'uscita, Karen La chiama: «Oh, ehi, magari possiamo riprendere il discorso sui modelli domani mattina!»

GRAZIE PER AVER LETTO QUESTO LIBRO

Spero di averti strappato almeno una risata :)

Ti sarei incredibilmente grato se potessi dedicare solo 30 secondi a lasciarmi una recensione! Le recensioni sono fondamentali per il sostentamento di un autore e, sorprendentemente, difficili da ottenere.

Più recensioni ricevono i miei libri, più posso continuare a coltivare la mia passione per la scrittura. Se hai un'opinione su questo libro, per favore, lascia una recensione e fammelo sapere.

. . .

- Sam

www.ingramcontent.com/pod-product-compliance
Lightning Source LLC
Chambersburg PA
CBHW052020070526
44584CB00016B/1838